Astrología

Desvelando los secretos del zodiaco, el tarot y la numerología junto con la luna, el sol y los signos ascendentes

© Copyright 2021

Todos los derechos reservados. Ninguna parte de este libro puede ser reproducida de ninguna forma sin el permiso escrito del autor. Los revisores pueden citar breves pasajes en las reseñas.

Descargo de responsabilidad: Ninguna parte de esta publicación puede ser reproducida o transmitida de ninguna forma o por ningún medio, mecánico o electrónico, incluyendo fotocopias o grabaciones, o por ningún sistema de almacenamiento y recuperación de información, o transmitida por correo electrónico sin permiso escrito del editor.

Si bien se ha hecho todo lo posible por verificar la información proporcionada en esta publicación, ni el autor ni el editor asumen responsabilidad alguna por los errores, omisiones o interpretaciones contrarias al tema aquí tratado.

Este libro es solo para fines de entretenimiento. Las opiniones expresadas son únicamente las del autor y no deben tomarse como instrucciones u órdenes de expertos. El lector es responsable de sus propias acciones.

La adhesión a todas las leyes y regulaciones aplicables, incluyendo las leyes internacionales, federales, estatales y locales que rigen la concesión de licencias profesionales, las prácticas comerciales, la publicidad y todos los demás aspectos de la realización de negocios en los EE. UU., Canadá, Reino Unido o cualquier otra jurisdicción es responsabilidad exclusiva del comprador o del lector.

Ni el autor ni el editor asumen responsabilidad alguna en nombre del comprador o lector de estos materiales. Cualquier desaire percibido de cualquier individuo u organización es puramente involuntario.

Índice

INTRODUCCIÓN 1
PRIMERA PARTE: FUNDAMENTOS DE LA ASTROLOGÍA 5
CAPÍTULO 1: LOS PLANETAS Y LOS SIGNOS 6
    Cartas natales 7
    Planetas 8
    Signos del zodiaco y planetas 9
    Casas 13
CAPÍTULO 2: SIGNO SOLAR - SU IDENTIDAD 17
    ¿Qué es la astrología de signos solares? 17
    Historia de los signos solares 18
    Signos solares y su significado 19
    Modalidades 25
    Elementos y polaridades 25
CAPÍTULO 3: EL SIGNO ASCENDENTE: SU MÁSCARA 27
    ¿Qué es el signo naciente? 27
    Historia de los signos ascendentes 28
    ¿Cómo se calcula el signo ascendente? 28
    Significado de los símbolos 29
    Personalidades de los signos ascendentes 30

- Casas de la carta natal 35
- Influencia de su signo ascendente 35
- Comprender su signo ascendente 36

CAPÍTULO 4: EL SIGNO LUNAR: SUS EMOCIONES 38
- La Luna 40
- La Luna y el Sol 41
- Buscar el equilibrio 42
- Cómo se manifiestan los signos lunares 43

SEGUNDA PARTE: EL PODER SECRETO DE LA NUMEROLOGÍA 47

CAPÍTULO 5: ¿QUÉ ES LA NUMEROLOGÍA? 48
- ¿Cómo funciona? 50
- Lo que puede hacer por usted 51
- Los rasgos de los números 52
- Los números maestros 55

CAPÍTULO 6: DESCUBRA SU NÚMERO DEL DESTINO ... 58

CAPÍTULO 7: ENCUENTRE EL NÚMERO DE SU TRAYECTORIA VITAL 67
- Número de la trayectoria vital 68
- ¿Cómo encontrar su número de trayectoria vital? 68
- Interpretaciones de los números de la trayectoria vital 71

CAPÍTULO 8: EXPLORE SU NÚMERO DE PERSONALIDAD ... 78
- Números maestros 80
- Significado de los números de la personalidad 81

CAPÍTULO 9: DESCUBRA EL NÚMERO DE LOS DESEOS DE SU CORAZÓN 88
- ¿Cómo encontrar el número del deseo de su corazón? ... 89
- Interpretaciones del número del deseo del corazón ... 91

TERCERA PARTE: CÓMO EL TAROT SE UNE A LA ASTROLOGÍA Y LA NUMEROLOGÍA 98

CAPÍTULO 10: ¿QUÉ ES EL TAROT? 99
- Antecedentes culturales e históricos del tarot 99

Cartas de los Arcanos Mayores 100

Cartas de los Arcanos Menores 123

CAPÍTULO 11: LOS SIGNOS DE FUEGO Y SUS CARTAS DEL TAROT 125

Signos de Fuego 126

Los signos de fuego y el palo de bastos 126

CAPÍTULO 12: LOS SIGNOS DE TIERRA Y SUS CARTAS DEL TAROT 134

Signos de Tierra 134

Los signos de tierra y el palo de Pentáculos 135

CAPÍTULO 13: LOS SIGNOS DE AIRE Y SUS CARTAS DEL TAROT 143

Signos de Aire 143

Los signos de aire y el palo de espadas 144

CAPÍTULO 14: LOS SIGNOS DE AGUA Y SUS CARTAS DEL TAROT 152

Signos de Agua 152

Los signos de agua y el palo de copas 153

CAPÍTULO 15: DOMINAR LOS ARCANOS MENORES CON LA NUMEROLOGÍA 161

Los cuatro palos de los arcanos menores 162

Los arcanos menores del tarot y la numerología 163

CAPÍTULO 16: COMPRENDER LOS ARCANOS MAYORES CON LA NUMEROLOGÍA 171

La historia de las cartas de los arcanos mayores 172

CAPÍTULO 17: LOS ARCANOS MAYORES Y LOS PLANETAS 181

Cartas de los arcanos mayores y planetas correspondientes 182

Comprensión de los signos solares, lunares y ascendentes 185

Correspondencias de los arcanos mayores de los signos solares, lunares y ascendentes 188

CAPÍTULO 18: TIRADAS DE TAROT 191

La tirada de una carta 192

- La tirada de tres cartas 194
- La tirada de la cruz celta 196
- Interpretación de las cartas de la tirada de la cruz celta 197
- La tirada del zodiaco 199

CONCLUSIÓN 202
VEA MÁS LIBROS ESCRITOS POR SILVIA HILL 208
REFERENCIAS 209

Introducción

La astrología y el concepto de los horóscopos prosperan en una relación simbiótica y alteran el curso del otro a cada paso. El estudio de la astrología y sus elementos relacionados existe desde hace siglos. De hecho, se puede remontar a la época en que se midió y estudió el tiempo por primera vez. La palabra "astrología" se divide en dos partes: astro, que significa "estrella", y logos, que significa "razón" o "lógica". El movimiento, la posición y el patrón de alineación de las estrellas y los cuerpos celestes se estudian para interpretar las vibraciones y energías que nos rodean. Estas energías pueden utilizarse para materializar los sueños y comprender la esencia de la vida.

La astrología y las energías astrológicas existen sin obligar a nadie a creer en ellas. Si usted cree o no en la astrología y las energías que le rodean, su existencia no se verá afectada. Sin embargo, si se interesa y trata de analizar estas energías, puede beneficiarse de ellas. Puede aprender más sobre su verdadera personalidad y sus rasgos internos, y utilizar este conocimiento para descubrir su vocación interior y el propósito de su vida. Con el tiempo, también puede estudiar formas efectivas de utilizar su poder interior y transformar las mareas del cambio a su favor.

Fundamentalmente, la astrología combina el estudio de los diferentes cuerpos celestes, sus posiciones, la intuición de las personas y un poco de ciencia y matemáticas. El estudio se realiza mediante símbolos, patrones y ciclos que presentan sistemáticamente los resultados. Dado que los movimientos de los planetas son medibles, los resultados pueden registrarse, lo que nos permite comprender los aspectos fundamentales de nuestro reino físico. Estos movimientos y acontecimientos desencadenan las ondas y frecuencias cósmicas del universo, que pueden ser alteradas y alineadas con nuestras vibraciones internas. A su vez, esto provocará un resultado esperado y exitoso. Sin embargo, ¡no es tan fácil como parece!

Debe aprender la forma correcta de interpretar estas ondas cósmicas utilizando su intuición y su voz espiritual. Con ello, podrá descubrir los secretos del mundo que le rodea y utilizar el lenguaje de la astrología para interpretar las singularidades del universo. Una forma eficaz de hacerlo es elaborando su horóscopo o carta astral a partir de la posición de los cuerpos celestes en el momento de su nacimiento. Cada persona tiene un horóscopo o carta particular y los planetas regentes indicados por su hora y fecha de nacimiento. En pocas palabras, su carta astral es una instantánea de la posición del universo en el momento exacto de su nacimiento. Se trata de su plano personal que actúa como una caja de herramientas a lo largo de su vida. Puede utilizarla para conocerse mejor a sí mismo, escuchar su voz interior o verdadera y realizar los cambios deseados en su vida.

Curiosamente, cada astrólogo tiene su propia manera de interpretar las cartas astrales. Mientras que algunos se refieren a la influencia cósmica y sus teorías relacionadas, otros utilizan el concepto de espacio y tiempo para percibir la tierra y el cielo como uno solo. Otros ámbitos incluyen el estudio de los números, conocido como numerología, y la lectura de un conjunto de cartas ilustradas relacionadas con la propia intuición, conocido como el tarot. En la primera se extrae un conjunto de números raíces, basado en la fecha de nacimiento de la persona. Este número único puede utilizarse para estudiar los rasgos, las motivaciones y la dirección de la vida de una persona.

La esencia y el lema de la astrología son que cada persona es única y posee una vocación sin precedentes. Además, cada persona pertenece a uno de los doce signos del zodiaco según su mes de nacimiento. Estos grupos representan arquetipos únicos, cada uno con sus propios rasgos emocionales, mentales y espirituales. Cada signo del zodiaco está representado por un símbolo, un conjunto de números, colores y elementos naturales. Al estudiar su signo del zodiaco y relacionarlo con su horóscopo, puede relacionarse con su pasado y su presente, así como predecir su futuro. Aunque los signos del zodiaco son estacionarios, puede calcular su evolución y su futuro en función de la posición y el movimiento de los planetas. Utilizando datos precisos sobre el lugar, la fecha y la hora de su nacimiento, puede correlacionar su existencia con las cartas astrales y con una de las casas a las que pertenece.

Con la información y la práctica adecuadas, puede mejorar drásticamente la calidad de su vida y ganar independencia emocional. La astrología se rige por las nociones de vivir con libre albedrío y tener un fuerte sentido de propósito, a diferencia de quienes están desmotivados y no comprenden el sentido de la vida. No propone creer en el fatalismo ni en la superstición, sino que le convence de que reconozca sus habilidades y talentos únicos. Este estudio ayuda a desvelar su "verdadero" yo y fomenta la maduración espiritual.

Dado que la mayoría de las personas desconocen el razonamiento real y no comprenden los fenómenos astronómicos, tienen nociones falsas y se niegan a creer en la autenticidad de esta disciplina. Ahora, si usted es uno de ellos, ha llegado el momento de desentrañar la verdad y la legitimidad de este estudio, para que pueda ser más consciente de sí mismo y comprender su verdadero ser. Para ello, este libro le ayudará. Le permitirá examinar la naturaleza contrapuesta de los horóscopos y la astrología. Dado que la astrología está intrínsecamente ligada a nuestro sentido del ser y de la realidad, es necesario disipar los mitos que la rodean para comprenderla y apreciarla mejor. Con el tiempo y la práctica, podrá estudiar los signos y la alineación de los astros por su cuenta y modificar su perspectiva para conseguir efectos favorables.

Este libro contiene valiosa información relacionada con la astrología, la numerología, el posicionamiento de los planetas, los signos solares, los signos lunares y el tarot. Le guiará a través de las distintas facetas de la astrología y de varios dominios de la manera más sencilla. Tanto si es un principiante como un ávido practicante, obtendrá conocimientos útiles que le ayudarán en su viaje vital. Cada capítulo está dividido en fragmentos que pueden ser fácilmente absorbidos. Aproveche esta oportunidad como un hilo conductor que le permitirá llevar una vida más contenida. Por último, este libro le proporcionará ideas y consejos para aplicar estos postulados y cambiar su perspectiva para obtener mejores resultados en la vida.

Siga leyendo para comprender en detalle el concepto y la filosofía que hay detrás de la astrología y sus entidades afines, y experimente sus efectos positivos para dar un giro a su vida. Sin más preámbulos, ¡que comience nuestro viaje de exploración!

Primera parte: Fundamentos de la astrología

Capítulo 1: Los planetas y los signos

La astrología ha sido un tema de fascinación durante siglos. Cada civilización tenía sus propias nociones sobre las estrellas y los planetas en el cielo. Muchas civilizaciones antiguas desarrollaron sus propios sistemas de astrología. Se cree que los mesopotámicos fueron pioneros en la ciencia y la práctica de la astrología alrededor del año 2000 a. C. El sistema que crearon influyó enormemente en los que idearon otras civilizaciones en el futuro.

Los romanos, los griegos, los persas, los hindúes y los chinos poseían conocimientos sobre la lectura de los planetas y las estrellas. Las antiguas civilizaciones utilizaban estas lecturas para predecir acontecimientos como guerras, sequías, inundaciones o muertes. Esto demuestra lo importante e influyente que ha sido la astrología a lo largo de la historia y en todo el mundo.

La clásica frase "como es arriba, es abajo" es la esencia de la astrología. Se cree que el conjunto de instrucciones escritas en el cielo afectará en gran medida a los asuntos mundanos. Dado que la posición de las estrellas y los planetas es siempre cambiante, la disposición precisa de los cuerpos celestes en el momento del nacimiento de una persona influye supuestamente en su destino en la vida. Esto significa que los planetas y los signos del zodiaco obedecen a las leyes naturales del universo. Son estas leyes las que todas las civilizaciones han intentado estudiar y codificar para determinar su destino.

Los rasgos más comunes en la mayoría de los sistemas astrológicos son los planetas y los signos. Los planetas siempre se han considerado significativos a la hora de influir en los acontecimientos de la vida de una persona, su personalidad, etc. Los signos del zodiaco han existido en la mayoría de las culturas, y la mayoría de ellas tienen 12 signos.

En este primer capítulo, exploraremos los diferentes significados e interpretaciones de términos como planetas, signos zodiacales, cartas natales, etc. Todos estos conceptos juegan un papel importante en nuestras vidas, y entenderlos nos ayuda a descubrir muchos misterios que rodean nuestro destino y nuestros deseos.

Cartas natales

En primer lugar, es esencial entender el papel y el significado de los componentes individuales que vamos a discutir. Luego, más adelante en este capítulo, se tratarán numerosos aspectos, como las casas, los planetas y los signos del zodiaco.

Las cartas natales, también conocidas como cartas astrales, son la posición exacta de los diferentes planetas en las distintas casas el día en que nació. Se elaboran a partir del nombre, la fecha de nacimiento y, a veces, el lugar de nacimiento. Puede encontrar herramientas gratuitas en Internet para obtener su carta natal.

Una carta natal le revelará mucho sobre sus preferencias, su personalidad, sus deseos ocultos e incluso las decisiones que tomará en la vida. Esta carta será más detallada y precisa que cualquier horóscopo que pueda leer, ya que la carta natal es única para cada persona. Ahora, vamos a descubrir qué componentes forman una carta natal.

Planetas

Los diez planetas que componen la astrología nos influyen, gracias a sus características únicas. Mientras que los planetas ayudan a expresar diversos aspectos de nuestra personalidad, el zodiaco funciona de forma diferente. Cada persona tiene una zona de confort diferente en función de los planetas. Un planeta en domicilio es el que rige su signo zodiacal y abarca el lugar donde usted es más eficiente.

Es importante entender que en la astrología también nos referimos al Sol y a la Luna como planetas. Esto podría ir en contra de las nociones de la ciencia moderna definida por el ser humano, pero nuestra perspectiva aquí es diferente. Cualquier cuerpo celeste visible desde la tierra se considera un planeta en el ámbito de la astrología. Lo que sigue es un breve resumen de las cualidades que tienen los diferentes planetas. La influencia que cada planeta tiene en su vida se definirá por las cualidades que posee.

- **Sol:** El Sol simboliza la vitalidad, el vigor, el ego, la resistencia y la energía radiante.

- **Luna:** Es un símbolo de las emociones y rige nuestros estados de ánimo e instintos.

- **Mercurio:** El símbolo del intelecto y el razonamiento. Mercurio controla el aprendizaje.

- **Venus:** El símbolo del amor, la atracción y la belleza. Venus determina cómo se atraen los deseos.

- **Marte:** El planeta de la agresividad, el deseo, la ambición y la pasión. Este planeta determina su forma de actuar.

- **Júpiter:** Este planeta representa la suerte, el optimismo y el crecimiento en la vida.

- **Saturno:** Símbolo de la disciplina y el trabajo duro. Este planeta influye en la estructura de la vida.

- **Urano:** La libertad, el cambio repentino, la excentricidad y la rebeldía son las características de este planeta.

- **Neptuno:** Este planeta representa una mente mística e intuitiva. Influye en la creatividad artística de una persona.

- **Plutón:** Este pequeño pero poderoso planeta es responsable de la transformación y la evolución de la vida.

Signos del zodiaco y planetas

Piensa en el zodiaco como un cinturón imaginario en el cielo por el que se mueven los planetas. Las diferentes estrellas se dividen y agrupan según su forma y tamaño en grupos más grandes, conocidos como constelaciones. Como el Sol atraviesa este cinturón una vez al año, obtenemos un eclipse de 360 grados. Este eclipse, dividido en 12 partes iguales, forma los componentes de un signo zodiacal.

Los signos del zodiaco se agrupan además en cuatro categorías basadas en los elementos constitutivos básicos del universo:

Elementos	Signos del zodiaco
Tierra	Tauro, Virgo y Capricornio
Fuego	Aries, Leo y Sagitario
Agua	Cáncer, Escorpio y Piscis
Aire	Géminis, Libra y Acuario

Los planetas desempeñan un papel mucho más importante en el zodiaco, ya que cada uno es responsable de influir en la vida de las personas. Se cree que cada planeta influye en la mente humana de una manera particular. Sin embargo, esta influencia varía de un individuo a otro, ya que cambia según las diferentes posiciones de los planetas en distintos momentos.

Cada signo del zodiaco tiene su propio planeta en domicilio con el que está asociado. El planeta en domicilio desempeña un papel importante en la determinación de las cualidades atribuidas a un signo del zodiaco. En esta sección, exploraremos algunas de las formas en que el planeta regente influye en un signo zodiacal.

1. Aries: Marte

Como dios romano de la guerra, Marte encaja perfectamente con el temperamento del primer signo del zodiaco. Marte representa la ambición, la pasión, el instinto y la agresividad, y con la ardiente personalidad de un Aries, Marte puede realmente hacer aflorar su naturaleza agresiva. Los nacidos bajo el signo de Aries son adeptos al liderazgo y son conocidos por tener altos niveles de energía. La verdadera naturaleza de un Aries influenciado por Marte sale a la luz cuando es desafiado o confrontado en cualquier situación.

2. Tauro: Venus

Tauro es un signo de tierra, lo que significa que tiene una afinidad natural por los placeres terrenales y el materialismo. Aunque Venus es la diosa del amor y la belleza, el planeta también simboliza el lujo y el placer. El sensual y buscador de placeres Tauro ejemplifica la naturaleza de Venus.

3. Géminis: Mercurio

El mensajero de los dioses, Mercurio, de pies rápidos y lengua afilada, está en su mejor momento cuando se expresa en Géminis. Géminis es un signo de aire conocido por ser rápido, hablador e inquisitivo. Los géminis suelen estar dotados de un gran intelecto y les encanta socializar. Mercurio permite a los Géminis pensar y analizar, que es algo que les gusta hacer naturalmente.

4. Cáncer: La Luna

Los nacidos bajo el signo de Cáncer son los más emocionales de todos los signos del zodiaco debido a que son muy sensibles y cariñosos. La intuitividad de la Luna complementa perfectamente la naturaleza nutritiva de los Cáncer. Son empáticos y están en contacto con lo que sienten todos los que les rodean. La Luna influye en nuestras emociones, sentimientos y en una sensación general de confort, por lo que al estar unida a un signo amable como Cáncer permite que estas cualidades brillen.

5. Leo: El Sol

A los Leo les gusta ser el centro de atención en cualquier lugar o evento. Por eso el centro de nuestro sistema solar es el planeta ideal para este signo. La naturaleza leal, dramática, confiada y generosa de un Leo es el canal perfecto para la radiante positividad, la calidez y la generosa y vivificante fuerza solar del Sol. ¡Así que, agradezcan al sol sus altos niveles de confianza y su perspectiva positiva, Leo!

6. Virgo: Mercurio

Sabemos que el dios romano Mercurio tenía múltiples tareas que realizar. Del mismo modo, el planeta Mercurio también ha sido asignado a dos signos del zodiaco. El lado ingenioso y rápido de Mercurio es canalizado por los Géminis, mientras que los Virgo canalizan el otro lado. Mercurio es también un traductor e intérprete, lo que se refleja en el agudo intelecto y la capacidad de análisis de Virgo. Como a Virgo, le encanta organizar sus pertenencias, y todos sus planes están bien preparados y ejecutados. Agradezca a Mercurio que le haga ser tan meticuloso.

7. Libra: Venus

Venus es el segundo planeta de nuestra lista que rige más de un signo del zodiaco. Al fin y al cabo, la diosa del amor tiene mucho que compartir. Como símbolo zodiacal del equilibrio y la armonía, los Libra buscan el equilibrio en todo en su vida. La naturaleza romántica y amorosa de Venus se manifiesta cuando los Libra intentan mantener una vida amorosa feliz y plena. Los Libra también son artísticos y tienen buen ojo para la belleza, lo que encaja perfectamente con Venus, ya que este planeta también representa la belleza.

8. Escorpio: Plutón

Un signo oscuro y misterioso como Escorpio estaba destinado a asociarse con el más extraño de todos los planetas. Plutón, el dios del inframundo, representa a la perfección la excentricidad y la naturaleza extrema de los escorpianos. El pequeño planeta tiene un impacto significativo cuando se trata de transformaciones que cambian la vida, el nacimiento, la muerte, la creación y la destrucción. Las energías de Escorpio evolucionan y se transforman cuando son influenciadas por Plutón, lo que los convierte en los compañeros perfectos.

9. Sagitario: Júpiter

Júpiter es el planeta que simboliza la expansión, el espíritu libre, la despreocupación y el optimismo. Los nacidos bajo el signo de Sagitario suelen ser personas alegres que desprenden vibraciones positivas a su alrededor. El alegre planeta Júpiter complementa perfectamente el optimismo de un Sagitario. Además, los sagitarianos tienen sed de conocimiento debido a los efectos de Júpiter. También son aficionados a probar cosas nuevas y rara vez rechazan nuevas experiencias.

10. Capricornio: Saturno

Saturno es el planeta que reparte amor fuerte a los signos del zodiaco y añade algo de estructura. Como tal, solo un Capricornio puede alinearse adecuadamente con Saturno. Los Capricornio son disciplinados y trabajadores, lo cual es necesario para satisfacer la demanda de estructura de Saturno. El impacto de Saturno puede ser restrictivo a veces, pero también enseña a los Capricornio a no tomar atajos en la vida y a trabajar siempre duro.

11. Acuario: Urano

Urano es el planeta que inspira la rebelión, las ideas brillantes y la innovación. El signo de aire Acuario es la combinación perfecta, gracias a la energía revolucionaria que descansa en su interior. Un Acuario es innovador por naturaleza y se le ocurren fácilmente soluciones que muestran un pensamiento "fuera de la caja". Con la presencia de Urano, un Acuario puede tener ideas nuevas y brillantes, pero también es responsable de la naturaleza rebelde de este signo del zodiaco. Los cambios repentinos, que son el rasgo característico de un Acuario, brillan cuando Urano interactúa con este signo.

12. Piscis: Neptuno

El dios de los océanos es naturalmente adecuado para el signo de agua mutable que es Piscis. Neptuno trae consigo un aura de ilusiones y belleza poética. Los piscianos son especialmente receptivos a esta influencia, gracias a su naturaleza emocional y espiritual. Neptuno puede inspirar a un pisciano a ser más artístico y a soñar en grande. Esto ayuda a convertir los sueños y las ambiciones de un pisciano en realidad.

Casas

Las casas son otro aspecto importante de la astrología. Cada casa tiene un conjunto diferente de rasgos que influirán en su vida. Esto depende de la ubicación de los planetas en cada casa en el momento de su nacimiento. Los astrólogos suelen utilizar este conocimiento para predecir las áreas de su vida en las que tendrá problemas o encontrará oportunidades.

Cada vez que un planeta visita una casa, esa parte de su carta será influenciada y usted adquirirá los rasgos de esa casa. Las seis primeras casas se llaman "casas personales", y las seis últimas "casas interpersonales". Estas casas se mueven del ser a la sociedad a medida que nos movemos en sentido contrario a las agujas del reloj.

Así que vamos a echar un vistazo a las diferentes casas y a descubrir en qué áreas de la vida tienen más influencia:

- **Casa 1:** También conocida como la casa de Aries, esta casa tiene que ver con el comienzo de las cosas. Abarca las primeras impresiones, los nuevos comienzos, la imagen que tiene de sí mismo y las nuevas iniciativas que emprende.

- **Casa 2**: Esta casa rige su percepción y su entorno inmediato. Todas las cosas, como los olores, las imágenes, los sonidos e incluso los sabores de su vida, se encuentran en esta casa. Dirigida por Tauro, esta casa también se ocupa de cómo maneja las posesiones materiales.

- **Casa 3**: Esta casa está presidida por Géminis y nos habla de la comunicación en nuestra vida. Revela cómo interactuamos con nuestros hermanos, padres y la sociedad en general.

- **Casa 4:** Esta casa se encuentra en la parte inferior de la rueda del zodiaco y controla todos los elementos de la vida. Es la casa de Cáncer, el signo más sentimental, y tiene que ver con nuestras raíces y orígenes, por lo que determina el tipo de relación que una persona tiene con su padre. El hogar paterno, las circunstancias de la infancia e incluso las relaciones con nuestros familiares pueden estar determinadas por esta casa.

- **Casa 5:** Leo es el regente de esta casa y la ha impregnado de los atributos dramáticos por los que son conocidos. Esta casa concierne a todos los asuntos relacionados con la creatividad en nuestras vidas y el placer en forma de relaciones amorosas.

- **Casa 6:** La casa regida por Virgo comanda todos los aspectos de la vida de una persona relacionados con la salud, el bienestar, la organización y la disciplina. La vida sana y natural y el servicio a los demás son los rasgos fundamentales que rigen esta casa.

- **Casa 7:** Regida por Libra, esta casa tiene que ver con las relaciones, tanto personales como profesionales. Por ejemplo, la forma en que seleccionamos a nuestras parejas románticas y socios comerciales está determinada por esta casa.

- **Casa 8:** Esta casa oscura, regida por el misterioso Escorpio, se ocupa de todos los aspectos metafísicos de la vida y de las pérdidas. La pérdida, que puede ser material o por muerte, entra en el ámbito de esta casa. Nos dice cómo una persona se enfrenta a las distintas pérdidas que sufre y puede incluso revelar cómo la gente se ocupa de la propiedad de los demás.

- **Casa 9:** Sagitario rige esta casa y se ocupa de cómo afrontamos la espiritualidad en nuestra vida. Rige la filosofía y el existencialismo. Esta casa también es la casa de los viajes al extranjero, lo que enriquece nuestro desarrollo espiritual.

- **Casa 10:** Esta casa se encuentra en la parte superior de la rueda del zodiaco y es responsable de la elección de la profesión o carrera que hace una persona. También rige la relación que tendrá una persona con su madre a lo largo de su vida. Por ello, la casa 10, regida por Capricornio, es la que afecta a nuestro desarrollo general en la vida.

- **Casa 11:** Acuario rige esta casa, determinando la forma en que nos relacionamos con nuestros amigos, profesores y otras personas de confianza. Esta casa nos muestra cómo encajamos en la sociedad y a menudo es el factor determinante de nuestras amistades.

- **Casa 12:** Por último, esta es una casa que pinta el panorama general. No es de extrañar que Piscis rija esta casa, ya que se ocupa de la abnegación y el escapismo. Esta última casa cubre todos los cabos sueltos que dejan las otras casas, como la vejez, la reclusión, el aislamiento y mucho más. Esta casa también es responsable de la creatividad y del interés por las artes, dada su naturaleza aislada.

Estos son todos los aspectos básicos que necesita saber sobre la astrología. Las terminologías y variables básicas ya han sido aclaradas. Utilizando esta información, podrá determinar fácilmente lo que representa una carta natal. Estos son los primeros pasos para entender la astrología, y el tema se desarrollará en detalle en los próximos capítulos. Así, una vez que haya llegado al final de este libro, ¡podrá apreciar la belleza y la lógica de la astrología como nunca antes!

Capítulo 2: Signo solar - Su identidad

Encontrarse a sí mismo y entender quién es puede ser algo bastante difícil. Esencialmente, usted es una compleja combinación de emociones, ideas, valores y rasgos que a veces parecen contradictorios. Aquí es donde entra en juego su signo solar. Puede decirle cosas sobre usted que quizá no haya reconocido o ni siquiera se haya dado cuenta de que forman parte de su personalidad. Al interpretar su signo solar, puede tener una idea concreta de quién es usted y aprender más sobre su identidad. Si no conoce lo más mínimo sobre los signos solares, ¡no pasa nada! Solo tiene que seguir leyendo para descubrir todo lo que necesita para entender mejor qué son y cómo pueden ayudarle a averiguar qué tipo de persona es realmente.

¿Qué es la astrología de signos solares?

La astrología de signos solares es una iteración de la astrología occidental que solo tiene en cuenta la posición del sol para determinar su signo. No importa cuál de los doce signos del zodiaco sea, el lugar donde se encuentra el sol en el momento de su nacimiento se considera su signo solar. Este signo solar puede determinar su personalidad, sus rasgos de carácter y predecir los acontecimientos de su vida. También hay planetas, elementos, modalidades y polaridades asociados a cada signo, que trabajan juntos para conformar un mapa de personalidad que puede seguir. Por lo tanto, puede utilizar su signo solar para ayudar a iluminar su camino y guiarse a lo largo del viaje de su vida.

Historia de los signos solares

Aunque la ciencia de la astrología se remonta al año 1600, la astrología de los signos solares como sistema no se codificó hasta 1930. Un astrólogo llamado R. H. Naylor acuñó el término para su columna en el Sunday Express. Cuando escribió un horóscopo para la recién nacida princesa Margarita, la hermana menor de la reina Isabel II, su popularidad se disparó y la gente empezó a pedir horóscopos sobre ellos mismos. Esto llevó a Naylor a producirlos regularmente.

Poco después de este famoso horóscopo, Naylor predijo el accidente del dirigible R101. Predijo que un dirigible británico estaría en peligro en octubre, y el 5 de octubre de 1930, el R101 cayó en llamas sobre Beauvais, Francia. Otros periódicos empezaron a incluir sus propios horóscopos y predicciones, y Naylor fue presionado para que revelara cómo se había predicho el suceso. A lo largo de los siete años siguientes, esbozó su sistema para que otros lo siguieran.

En 1937, Naylor dio a conocer su sistema astrológico completo, al que denominó signos solares o signos estelares. Realizaba predicciones basadas en la fecha de nacimiento de una persona, dividiendo el año en doce signos distintos basados en el zodiaco. Esto permitía que en cada columna aparecieran doce horóscopos diferentes, lo que ofrecía a los lectores una visión un tanto personalizada de lo que les deparaba el futuro. El sistema de astrología de signos solares que se utiliza hoy en día se ha ido perfeccionando con el paso del tiempo y se ha combinado con otros conceptos astrológicos para obtener una visión completa de la personalidad, los rasgos de carácter y los gustos y disgustos de una persona.

Signos solares y su significado

Existen doce signos solares dentro del zodiaco. Cada uno de ellos tiene sus propias características y personalidades asociadas que se atribuyen a los nacidos bajo ellos. Aunque la alineación del sol al nacer no es el único factor en la astrología, es el más importante a la hora de determinar quién será usted como persona. Cada signo solar tiene un cuerpo celeste específico conectado a él y una modalidad fija, mutable o cardinal (que se explica más adelante). Los signos solares se agrupan en cuatro categorías que se corresponden con los cuatro elementos básicos: fuego, agua, tierra y aire. También tienen asignada una polaridad positiva o negativa. Los doce signos solares del zodiaco son:

Acuario

Los acuarianos nacen entre el 20 de enero y el 18 de febrero. Están asociados al elemento aire y al planeta Urano. Su modalidad es fija y su polaridad es positiva. El nombre de Acuario significa "portador de agua".

Si ha nacido bajo el signo de Acuario, es independiente por naturaleza y se niega a conformarse con las normas sociales. Prefiere marchar al ritmo de su propio tambor y suele buscar retos difíciles en lugar de tomar las opciones más seguras y fáciles. No le importa estar solo, pero disfruta de la compañía de los demás. Los acuarianos son inteligentes, pero pueden aburrirse fácilmente cuando carecen de estímulos. También puede tener problemas para expresarse emocionalmente.

Piscis

Los piscianos nacen entre el 19 de febrero y el 20 de marzo. Se le asocia con el elemento agua y el planeta Neptuno. Su modalidad es mutable y su polaridad es negativa. El nombre Piscis significa "pez".

Si ha nacido bajo el signo de Piscis, es usted una persona compasiva y desinteresada con los demás. Es un individuo creativo e intuitivo, con una sabiduría que supera con creces su edad. Debido a su gran capacidad de empatía y expresión emocional, puede ser demasiado confiado. Los piscianos son románticos y no les gusta la crueldad de ningún tipo. La música es muy importante para usted, y lo más probable es que haya desarrollado una fuerte conexión con ella desde una edad temprana.

Aries

Los arianos nacen entre el 21 de marzo y el 19 de abril. Se le asocia con el elemento fuego y el planeta Marte. Su modalidad es cardinal y su polaridad es positiva. El nombre de Aries significa "carnero".

Si ha nacido bajo el signo de Aries, es una persona fuerte y directa con mucha energía. Tiende a ser optimista en la mayoría de las situaciones y considera que la honestidad es un rasgo importante en las personas. Los arianos son personas muy organizadas, aunque también pueden ser temperamentales. Trabajan bien con los demás y a menudo asumen una posición de liderazgo cuando forman parte de un equipo o grupo. Su impulsividad significa que puede encontrarse en situaciones peligrosas, pero su voluntad de luchar por sus objetivos le ayudará a superar los retos que la vida le depare.

Tauro

Los Tauro han nacido entre el 20 de abril y el 20 de mayo. Se les asocia con el elemento tierra y el planeta Venus. Su modalidad es fija y su polaridad es negativa. El nombre de Tauro significa "toro".

Si ha nacido bajo el signo de Tauro, es usted fiable y trabajador. Adopta un enfoque práctico en la vida y es un amigo leal. Aunque no le gustan los cambios y puede ser testarudo, también es paciente y está dispuesto a seguir comprometido con sus objetivos. Los taurinos son excelentes consejeros y saben hacer dinero. Les gusta hacer cosas con las manos, como la jardinería y la cocina, y son aficionados a la moda y las tendencias.

Géminis

Los geminianos nacen entre el 21 de mayo y el 20 de junio. Se les asocia con el elemento aire y el planeta Mercurio. Su modalidad es mutable y su polaridad es positiva. El nombre Géminis significa los "gemelos".

Si ha nacido bajo el signo de Géminis, es usted un tipo curioso, que a menudo busca respuestas y está dispuesto a aprender cosas nuevas. Es una persona amable que siente la necesidad de expresarse emocionalmente. Se adapta fácilmente a nuevas situaciones, por lo que busca constantemente nuevas aficiones e ideas interesantes. Los geminianos suelen tener problemas para decidirse porque se interesan por una gran variedad de cosas. Les gusta mostrar afecto a los demás y no tienen miedo de relacionarse con gente nueva.

Cáncer

Los cancerianos nacen entre el 21 de junio y el 23 de julio. Se les asocia con el elemento agua y con la Luna. Su modalidad es cardinal y su polaridad es negativa. El nombre Cáncer significa "cangrejo".

Si ha nacido bajo el signo de Cáncer, es un individuo muy imaginativo, simpático y con inclinaciones artísticas. No tiene problemas para mostrar sus emociones, pero también es propenso a los cambios de humor. Puede ser muy persuasivo, lo que puede interpretarse como manipulador, especialmente con sus allegados. Sin embargo, le gusta estar rodeado de sus seres queridos y no ve con buenos ojos a quienes intentan perjudicarlos o meterse con ellos. Los cancerianos comprenden las dificultades de enfrentarse al mundo exterior, por lo que harán todo lo posible para ayudar a los demás a superar sus retos y navegar por la vida.

Leo

Los Leo nacen entre el 24 de julio y el 22 de agosto. Se les asocia con el elemento fuego y con el Sol. Su modalidad es fija y su polaridad es positiva. El nombre Leo significa "león".

Si ha nacido bajo el signo de Leo, es una persona apasionada con un espíritu generoso. Es creativo y seguro de sí mismo, y afronta los retos de la vida con entusiasmo. A veces, su seguridad en sí mismo puede parecer arrogante, pero su alegría, su calidez y su humor suelen ganarse a la gente. A los leos les gusta llamar la atención y buscan la validación de los demás a través de las posesiones materiales y el estatus. Le gusta pasar tiempo con sus amigos, divertirse y descansar de sus responsabilidades de vez en cuando.

Virgo

Los Virgo nacen entre el 23 de agosto y el 22 de septiembre. Se les asocia con el elemento tierra y el planeta Mercurio. Su modalidad es mutable y su polaridad es negativa. El nombre de Virgo significa "doncella".

Si ha nacido bajo el signo de Virgo, es usted una persona práctica y analítica. Es muy organizado y tiene objetivos definidos en la vida. Puede tender a atascarse en los detalles debido a su perfeccionismo, pero esta atención a los detalles también significa que siempre pone lo mejor de sí en todo lo que hace. Los Virgo suelen cerrarse emocionalmente debido a su timidez y al miedo a ser heridos. Les gusta mantener su entorno limpio y ordenado, al igual que su mente.

Libra

Los Libra nacen entre el 23 de septiembre y el 22 de octubre. Se les asocia con el elemento aire y el planeta Venus. Su modalidad es cardinal y su polaridad es positiva. El nombre de Libra significa la "balanza".

Si ha nacido bajo el signo de Libra, es usted pacífico y diplomático. Usted prefiere resolver los conflictos con palabras que con los puños y es muy fácil llevarse bien con usted. La igualdad y la justicia son importantes para usted, por lo que cuando se siente agraviado, puede guardar rencor durante mucho tiempo. Los Libra son de mente aguda y encuentran inspiración a su alrededor. Les gusta pasar tiempo con los demás y se les da bien trabajar de forma cooperativa. Les gusta que las cosas en su vida estén equilibradas, desde su trabajo y sus relaciones hasta las actividades de ocio que realizan.

Escorpio

Los escorpianos nacen entre el 23 de octubre y el 22 de noviembre. Están asociados al elemento agua y al antiguo planeta Plutón. Su modalidad es fija y su polaridad es negativa. El nombre Escorpio significa "escorpión".

Si ha nacido bajo el signo de Escorpio, es usted una persona valiente y apasionada. Es muy asertivo, ingenioso y emocionalmente expresivo. Los Escorpio se dedican a la verdad y a los hechos, por lo que les resulta difícil admitir cuando se equivocan. Usted, a pesar de la deshonestidad, tiende a sospechar de los demás que no han demostrado ser leales y francos. Debido a su pasión, puede enfurecerse rápidamente, lo que a veces da lugar a la violencia. Su capacidad natural de liderazgo hace que los demás le busquen para que les guíe. Debe mantener su temperamento bajo control para que no salgan las peores lecciones de sus acciones.

Sagitario

Los sagitarianos nacen entre el 23 de noviembre y el 21 de diciembre. Se les asocia con el elemento fuego y el planeta Júpiter. Su modalidad es mutable y su polaridad es positiva. El nombre Sagitario significa "arquero".

Si ha nacido bajo el signo de Sagitario, es usted un idealista con un gran sentido del humor. Puede ser muy generoso y le gusta tener la libertad de hacer las cosas que quiere. A los sagitarianos les suele gustar viajar. Son de mente abierta y se permiten conocer nuevas culturas y filosofías sin juzgarlas. Suele ser entusiasta y extrovertido y siempre dice lo que piensa, lo que a veces puede resultar irrespetuoso. Sin embargo, su optimismo significa que siempre tratará de encontrar lo mejor en cualquier situación y hará lo necesario para lograr sus objetivos.

Capricornio

Por último, los Capricornio nacen entre el 22 de diciembre y el 19 de enero. Estás asociado al elemento tierra y al planeta Saturno. Su modalidad es cardinal y su polaridad es negativa. El nombre de Capricornio significa "caballo de mar de la montaña".

Si ha nacido bajo el signo de Capricornio, es un individuo responsable y disciplinado. Tiene buenos modales y trata a los demás con respeto. Es una persona seria a la que no le gusta perder el tiempo con tonterías, por lo que a veces puede parecer estricta y condescendiente. Los Capricornio hacen planes con objetivos realistas y no se dejan llevar por las fantasías. Como se exige a sí mismo un nivel tan alto, espera lo mismo de los demás. Puede parecer una persona implacable cuando responsabiliza a los demás de sus errores, pero también aprecia mucho cuando se esfuerzan y lo hacen bien. Es usted una persona centrada en la familia y tradicional en muchos aspectos, lo que a veces puede provocar conflictos con quienes no comparten valores similares.

Modalidades

En astrología solar, las modalidades se refieren a la parte de una estación en la que cae su signo solar, cada una de las cuales tiene características definitorias compartidas por los nacidos bajo la misma modalidad, incluso si se produce durante una parte diferente del año. Hay tres modalidades: cardinal, fija y mutable. Estas son las principales características de cada una de ellas:

Cardinal

Esta modalidad aparece al principio de una estación. Las personas con una modalidad cardinal son activas, dinámicas, emprendedoras y constituyen una fuerza poderosa.

Fija

Esta modalidad se da en la mitad de una temporada. Las personas con una modalidad fija tienen una gran fuerza de voluntad, son inflexibles y se resisten al cambio.

Mutable

Esta modalidad aparece al final de una estación. Las personas con una modalidad mutable son flexibles, ingeniosas y pueden adaptarse a casi cualquier situación.

Elementos y polaridades

Los elementos de aire, fuego, tierra y agua se basan en los cuatro tipos de personalidad propuestos por Hipócrates, es decir, ser sanguíneo, colérico, melancólico y flemático. Estos le inculcan rasgos y características específicas según el elemento al que se asocie su signo solar. Por ejemplo, las polaridades determinan si es más activo o pasivo. Estos son los cuatro elementos y sus tipos de personalidad:

Aire: Sanguíneo

Tiene una polaridad positiva. Los rasgos asociados son la buena comunicación, la capacidad de socialización y el desarrollo de objetivos y su transformación en realidad.

Fuego: Colérico

Tiene una polaridad positiva. Los rasgos asociados son la fuerza de voluntad, la asertividad y el dinamismo.

Tierra: Melancólico

Tiene una polaridad negativa. Los rasgos asociados incluyen la cautela, la practicidad y el enfoque en las cosas materiales.

Agua: Flemático

Tiene una polaridad negativa. Los rasgos asociados incluyen la empatía, la sensibilidad y las emociones fuertes.

En definitiva, su signo solar puede decirle mucho sobre su propio ser. Puede utilizar esta información para crecer como persona, conocer sus fortalezas y las debilidades en las que debe trabajar. También puede ayudarle a averiguar qué le hará feliz y con qué tipo de personas se llevará mejor. El propósito de entender su signo solar es que podrá entenderse mejor a sí mismo.

Capítulo 3: El signo ascendente: su máscara

Una vez que conozca su signo solar, la siguiente fase importante de su carta natal es su signo ascendente. Este signo marcará el tono del resto de la carta. Es posible que haya aspectos de usted que solo se presenten de forma inconsciente, y su signo ascendente puede ayudar a explicar la razón de esas partes de su personalidad. Sin embargo, su signo ascendente no siempre es el mismo que su signo solar. Puede ser cualquiera de los doce signos del zodiaco, incluido el signo solar. Saber cuál es su signo ascendente puede ayudar mucho a fomentar una mejor comprensión de quién es usted como persona.

¿Qué es el signo naciente?

También conocido como signo ascendente, un signo ascendente es el signo astrológico que se eleva sobre el horizonte oriental en el momento y lugar en que se produce un acontecimiento específico. Para usted, esto significa cuál era el signo ascendente en el momento exacto de su nacimiento. Es uno de los tres pilares de su carta natal, junto con su signo solar y su signo lunar. Los astrólogos creen que, combinados, crean la base de su educación y personalidad. Además, su signo ascendente dicta sus características "externas" es decir, los aspectos de sí mismo que muestra a los demás. Es la máscara que usa en público o la fachada que pone para evitar que los demás vean lo que hay debajo.

Historia de los signos ascendentes

Los signos ascendentes se remontan a los antiguos babilonios, que observaban y registraban los tiempos específicos de los fenómenos celestes de los signos que se elevaban en el cielo. Luego, en el siglo III a. C., los egipcios utilizaron la hora de salida de diferentes grupos de estrellas para estimar la hora en la que se encontraba la noche. Más tarde, los antiguos griegos adoptaron este sistema denominado signo ascendente "marcador de la hora", u horoskopos. De ahí surgió el término moderno de "horóscopo".

¿Cómo se calcula el signo ascendente?

Para calcular su signo ascendente, primero debe conocer su signo solar y la hora exacta de su nacimiento. Puede averiguar cuál es su signo ascendente consultando la siguiente tabla:

Su signo solar	12 a.m. a 2 a.m.	2 a.m. a 4 a.m.	4 a.m. a 6 a.m.	6 a.m. a 8 a.m.	8 a.m. a 10 a.m.	10 a.m. a 12 p.m.	12 p.m. a 2 p.m.	2 p.m. a 4 p.m.	4 p.m. a 6 p.m.	6 p.m. a 8 p.m.	8 p.m. a 10 p.m.	10 p.m. a 12 a.m.
♒	♐	♑	♒	♓	♈	♉	♊	♋	♌	♍	♎	♏
♓	♑	♒	♓	♈	♉	♊	♋	♌	♍	♎	♏	♐
♈	♒	♓	♈	♉	♊	♋	♌	♍	♎	♏	♐	♑
♉	♓	♈	♉	♊	♋	♌	♍	♎	♏	♐	♑	♒
♊	♈	♉	♊	♋	♌	♍	♎	♏	♐	♑	♒	♓

♋	♉	♊	♋	♌	♍	♎	♏	♐	♑	♒	♓	♈
♌	♊	♋	♌	♍	♎	♏	♐	♑	♒	♓	♈	♉
♍	♋	♌	♍	♎	♏	♐	♑	♒	♓	♈	♉	♊
♎	♌	♍	♎	♏	♐	♑	♒	♓	♈	♉	♊	♋
♏	♍	♎	♏	♐	♑	♒	♓	♈	♉	♊	♋	♌
♐	♎	♏	♐	♑	♒	♓	♈	♉	♊	♋	♌	♍
♑	♏	♐	♑	♒	♓	♈	♉	♊	♋	♌	♍	♎

Significado de los símbolos

Acuario = ♒

Piscis = ♓

Aries = ♈

Tauro = ♉

Géminis = ♊

Cáncer = ♋

Leo = ♌

Virgo = ♍

Libra = ♎

Escorpio = ♏

Sagitario = ♐

Capricornio = ♑

Personalidades de los signos ascendentes

Cada signo ascendente tiene ciertos rasgos y características que pueden determinar su personalidad general. También tienen asignados puntos fuertes y débiles específicos.

Acuario

Puntos fuertes: Es usted una persona independiente y única. Se mantiene tranquilo y sereno en la mayoría de las situaciones y es tolerante con las opiniones de los demás. Además, es sociable y utiliza su inteligencia y su carácter caritativo para hacer amigos.

Debilidades: Tiende a rebelarse contra las normas, incluso cuando no es ventajoso. A menudo actúa antes de pensar, lo que puede meterle en problemas. Debido a su fuerte espíritu, no le gusta la autoridad ni recibir órdenes.

Piscis

Puntos fuertes: Es amable y simpático con los demás, y suele tener en cuenta sus sentimientos durante las interacciones. Tiene un temperamento equilibrado, lo que le ayuda a tomar buenas decisiones en lugar de actuar según sus emociones. Es un soñador creativo, que siempre se esfuerza por alcanzar las metas que se propone.

Debilidades: No le gusta la confrontación, lo que le lleva a evitar o huir de los problemas. Tiende a ser demasiado sentimental, aferrándose al pasado. A veces le cuesta tomar decisiones, y su naturaleza de soñador hace que pueda tener objetivos y estándares poco realistas para sí mismo.

Aries

Puntos fuertes: Es aventurero y muestra pasión y valentía en todo lo que hace. Se adapta fácilmente a las nuevas situaciones y suele mantener una actitud alegre y esperanzada en sus esfuerzos. Es dinámico, tiene mucha energía y valora la honestidad. Es una persona cálida y generosa, que se entrega a los demás sin reservas.

Debilidades: Puede ser ligeramente impaciente e impulsivo, lo que puede causar problemas. Puede ser ingenuo respecto a la realidad de ciertas personas y situaciones. También es propenso a discutir, especialmente con aquellos que percibe como deshonestos. Su fuerza de voluntad puede causarle problemas a los demás, ya que no teme salirse con la suya.

Tauro

Puntos fuertes: Es una persona trabajadora y apasionada. Puede ser decidido y paciente, perseverando contra todo pronóstico. Es lógico y práctico y prefiere ser realista en cualquier situación. También tiene un lado romántico y puede ser amable con los demás. Además, es muy artístico y vuelca su energía en tareas creativas.

Debilidades: A veces puede ser obstinado y necesitado. Tiene sus valores en tan alta estima que puede tener prejuicios contra los que no los comparten. Su búsqueda de actividades hedonistas también puede llevarle por un camino muy egoísta. Debido a su mente lógica, no se lleva bien con aquellos que son soñadores fantasiosos.

Géminis

Puntos fuertes: Es inteligente y rápido, una persona cálida y encantadora que envuelve a los demás con facilidad. Puede ser muy perspicaz y tener una disposición alegre. Se lleva bien con diferentes tipos de personas, entiende sus puntos de vista y conecta con ellos en muchos niveles.

Debilidades: Puede ser muy caprichoso, especialmente cuando se trata de amigos. Usted tiende a hablar de chismes, especialmente porque a menudo ve más profundamente en la mente de una persona que los demás. Su capacidad de encantar a la gente también puede evolucionar hacia la manipulación, lo que puede hacer que los demás le perciban de forma negativa.

Cáncer

Puntos fuertes: Es una persona amable y cariñosa con un corazón gentil. Es dedicado y perseverante, y nunca deja que los obstáculos le impidan alcanzar sus objetivos. Tiene una gran imaginación que le sirve para realizar tareas creativas. También tiene un sexto sentido agudo y puede percibir cosas sobre las personas y el mundo por instinto.

Debilidades: A veces puede ser codicioso, queriendo más cosas en sus deseos de las que merece. Es muy posesivo con las personas y las cosas materiales y rara vez quiere compartirlas con los demás. Puede ser demasiado sensible y a menudo se siente herido por la más mínima ofensa. También es algo mojigato, y ve a las personas que se sienten cómodas expresándose con una mirada escéptica.

Leo

Puntos fuertes: Como el león en su signo, usted es un individuo orgulloso. Demuestra una lealtad inquebrantable a los que considera amigos o familiares, cubriendo su espalda en las buenas y en las malas. Es caritativo, da a los demás sin pensarlo dos veces y es entusiasta en todos sus esfuerzos. También es capaz de reflexionar sobre las cosas, lo que le permite comprender mejor cualquier situación.

Debilidades: Su orgullo puede convertirse rápidamente en arrogancia si no tiene cuidado. Puede comportarse de forma engreída, creyendo que está por encima de los demás. Tiene la tendencia a ser algo derrochador, sobre todo cuando ha conseguido lo que quería de algo. Su obstinación también puede meterle en problemas, ya que se niega a dar marcha atrás.

Virgo

Puntos fuertes: Es muy inteligente y utiliza su gran mente en su beneficio. Busca la perfección en todo lo que hace, exigiéndose a sí mismo un nivel de excelencia muy alto. Es preciso en sus acciones y prefiere ser práctico. Su sentido del estilo es elegante y disfruta de las cosas buenas de la vida. También es muy perspicaz y capta sutiles pistas y señales sociales que los demás suelen pasar por alto.

Debilidades: Su capacidad de percepción puede llevarle a entrometerse en los asuntos de los demás cuando estos no lo desean. Su precisión y elegancia pueden parecer un poco quisquillosas. Además, su naturaleza perfeccionista puede llegar a ser excesiva, exigiendo demasiado a los demás.

Libra

Puntos fuertes: Es idealista y siempre ve lo mejor de las personas y las situaciones. Es muy razonable y está dispuesto a comprometerse. Es encantador, tiene excelentes habilidades sociales y puede tratar con diferentes personalidades sin problemas. Es amable, imparcial y siempre quiere que se haga justicia. Como ser artístico, le gustan cosas como la música, la pintura y diversas artesanías.

Debilidades: Tiene tendencia a la pereza y a la procrastinación. Debido a lo fácil que le resulta socializar, puede ser descuidado, especialmente cuando se trata de los sentimientos de otras personas. Es propenso a comportarse de forma egoísta, ya que suele ser el centro de atención. No le gusta comprometerse con las cosas y prefiere vivir una vida de espíritu libre.

Escorpio

Puntos fuertes: Es una persona inteligente y racional. Tiene una gran intuición y es perspicaz, descubriendo cosas de los demás que la gente suele pasar por alto. Es independiente y no depende de los demás para ser feliz. Se dedica a los que le importan y es muy razonable, actuando de manera que beneficie a todos en situaciones difíciles.

Debilidades: Usted tiende a obsesionarse con las cosas hasta que se vuelve insalubre. Suele sospechar de los motivos de los demás, en parte porque puede percibir aspectos de ellos que pueden estar tratando de ocultar. A veces puede ser arrogante y complicado.

Como persona posesiva, no quiere dejar que nadie más tenga lo que usted tiene cerca de su corazón.

Sagitario

Puntos fuertes: Es franco en sus opiniones y no tiene miedo de defenderse. Tiene una personalidad optimista, que levanta el ánimo de los demás cuando están deprimidos. Es valiente y aventurero, y nunca tiene miedo de asumir un nuevo reto. Siempre mira el lado bueno de las cosas y consigue ser optimista incluso ante la incertidumbre. También es racional y utiliza su mente para resolver los problemas de la manera más eficiente posible.

Debilidades: Puede ser olvidadizo, perdiendo constantemente cosas como las llaves o no recordando fechas y eventos importantes. Esto suele parecer desconsiderado, ya que cuando olvida el cumpleaños de alguien o pasa por alto sus contribuciones, puede resultar malicioso. También es un poco imprudente y se deja llevar por su franqueza, lo que no siempre conduce a resultados positivos.

Capricornio

Puntos fuertes: Es una persona muy segura y confiable. Es inteligente y tiene algo de entrañable, lo que le ayuda a hacer muchos amigos. Puede ser persistente y seguir adelante incluso cuando se enfrenta a contratiempos, y está decidido a perseverar pase lo que pase. Es generoso con los demás y tiene un optimismo inagotable. Prefiere la practicidad en las cosas, como por ejemplo, comprar un vehículo sencillo que tenga un gran kilometraje de gasolina en lugar de un coche deportivo llamativo que gaste mucho combustible.

Debilidades: Es una persona solitaria que prefiere hacer las cosas por su cuenta. Aunque esto no siempre es malo, evita pedir ayuda a los demás, aunque sea el primero en ofrecerla. Puede ser obstinado y negarse a admitir que se equivoca o a hacer las cosas a la manera de los demás. Es posible que desconfíe de los demás y que cuestione su honestidad durante las interacciones cotidianas.

Casas de la carta natal

Las cartas natales se dividen en "casas" individuales que corresponden a los doce signos del zodiaco. Se trata de un complejo sistema que traza los signos del zodiaco basándose en el movimiento de la Tierra al girar sobre su eje. Las seis primeras casas se consideran por debajo del horizonte, mientras que las otras seis están por encima del mismo. Poseen rasgos específicos asignados y todas tienen un nombre que expresa su significado global. Estas casas son:

1. Aries: La vida: la casa del yo
2. Tauro: Ganancia: Casa del valor
3. Géminis: Hermanas: Casa del compartir
4. Cáncer: Padres: Casa del hogar y la familia
5. Leo: Hijos: Casa del placer
6. Virgo: Salud: Casa de la salud
7. Libra: Cónyuge: Casa del equilibrio
8. Escorpio: Muerte: Casa de la transformación
9. Sagitario: Pasaje: Casa del propósito
10. Capricornio: Reino: Casa de la empresa
11. Acuario: Buenas acciones: Casa de las bendiciones
12. Piscis: Rehabilitación: Casa del sacrificio

Influencia de su signo ascendente

Varios factores pueden determinar la potencia de determinada fuerza en su carta natal. La mayoría de los astrólogos creen que cuanto más cerca del inicio de un signo determinado se encuentre el nacimiento de una persona, más fuerza poseerá. Esto se debe a que la mayor parte de la primera casa estará dentro de ese signo. Cuando su nacimiento se produce más tarde en el signo, la mayor parte de la primera casa cae en el siguiente signo, lo que hace que sea más débil. Cuando el sol está en una posición más débil, como en la parte inferior de su carta natal, se cree que el signo ascendente tiene más influencia, esto se debe a que el sol habría estado en el otro lado de la Tierra en el momento de su nacimiento.

La influencia de su signo ascendente puede debilitarse a la edad de 29 años, momento en el que se parecerá más a su signo solar. Esto se debe a que las personas se vuelven más seguras de sí mismas a medida que envejecen, lo que significa que hay menos razones para llevar una máscara en público. Sin embargo, esto no es cierto para todo el mundo, ya que todavía hay muchas personas que se ponen una fachada durante toda su vida. Con más autoestima y un ego más desarrollado, puede expresar su verdadero yo interior sin miedo. En última instancia, puede utilizar la comprensión de su signo ascendente para ayudarle a crecer y convertirse en un individuo más fuerte.

Comprender su signo ascendente

Una vez que comprenda su signo ascendente, obtendrá una visión más profunda de cómo se comporta con otras personas. Sabrá cuáles son los puntos fuertes que puede aprovechar y compensar sus debilidades. El conocimiento de su signo ascendente puede ayudarle a ajustar sus actitudes y tendencias, permitiéndole conectar con los demás a un nivel más profundo y genuino.

Conviene recordar que su signo ascendente es solo una parte de su identidad. Sus acciones y decisiones siguen dependiendo de usted, pero conocer y comprender su signo ascendente puede influir en estas acciones y decisiones para ayudarle a tomar las mejores. El sol, la luna y las estrellas no son responsables de cómo se relaciona con otras personas, sino que se limitan a proporcionar orientación para ayudarle en su desarrollo y crecimiento como persona.

Capítulo 4: El signo lunar: sus emociones

Cuando se trata de explorar las tendencias de comportamiento y los rasgos de carácter en la astrología, la mayoría de la gente solo se refiere al astro o signo solar. Muchas personas no se dan cuenta de que el Sol, la Luna, Mercurio, Venus, Marte, Júpiter, Saturno, Urano, Plutón y su signo ascendente son cuerpos celestes significativos en el ámbito de la astrología. Cada planeta, junto con el sol y la luna, simboliza un conjunto diferente de características y cualidades en nosotros los humanos. Cada uno gobierna un determinado aspecto de nuestras vidas, aportando su energía y dirección. Cada cuerpo celeste es un personaje propio. Todos tienen sus propios intereses, objetivos y funciones. Según el signo del zodiaco en el que se encuentren, se expresan y actúan de forma independiente.

Nos alimentamos constantemente de la energía del Sol, la Luna y los planetas. Sin embargo, la forma en que nos afectan suele depender de su posición en el zodiaco en un momento dado. Como hemos visto, quién es usted es un conjunto de sus planetas natales en el momento de su nacimiento. Puede consultar a un astrólogo o buscar una calculadora para su carta natal en internet para conocer sus planetas natales. Una vez que descubra dónde se encuentran los cuerpos celestes en su carta natal, podrá saber cómo influyen en las distintas partes de su vida y afectan a su energía. También puede explorar las relaciones entre los planetas.

Ahora bien, para comprender mejor cómo su carta natal determina quién es usted como persona, primero debe entender el papel y las funciones de cada cuerpo celeste. Como se ha explicado anteriormente, el signo solar es un reflejo de usted mismo y de su mente consciente. Este determina el propósito de su vida y fomenta su energía creativa. En términos sencillos, es la versión más sólida y genuina de lo que usted es.

El Sol rige naturalmente a Leo. Mercurio es el planeta de la expresión, la comunicación, el intelecto y la razón. Representa su capacidad para mantener conversaciones coherentes y razonables.

Mercurio rige naturalmente en Virgo y Géminis. Venus rige en Tauro y Libra y es el planeta del amor, el romance, el placer y la belleza. Simboliza cómo interpretas el valor, el amor y experimentas el lujo y el placer. Marte representa el deseo y el impulso sexual. Determina la energía pura y la agresividad, es decir, su instinto físico fundamental.

Marte rige a Aries. Júpiter es el planeta que le empuja a perseguir sus sueños más elevados. Se asocia con la buena suerte, el optimismo y la abundancia, y rige naturalmente a Sagitario. Saturno es conocido como el cuerpo celeste rígido. Aunque su energía puede ser dura, su objetivo es ayudarle a aprender y a crecer.

Saturno se asocia con la disciplina y las lecciones de la vida y rige naturalmente a Capricornio. Urano es quizás el planeta más imprevisible. Su energía es innovadora y original, y representa el despertar, la inspiración y el entendimiento. Urano gobierna naturalmente a Acuario.

Neptuno es el planeta de la sensibilidad y la espiritualidad. Es el planeta más etéreo y representa la intuición, la expresión artística y los sueños. Se encuentra en Piscis. Aunque ya no se considera un planeta en la ciencia, Plutón sigue siendo un planeta tan poderoso como cualquier otro en la astrología. Plutón representa las transformaciones, la muerte, la oscuridad y el renacimiento. Tiene una energía intensa que simboliza las extremidades, desde los comienzos más recientes hasta todos los finales. Plutón recibió incluso el nombre del dios del inframundo y rige en Escorpio.

Por último, la Luna. A lo largo de este capítulo, exploraremos cómo la Luna desempeña un papel central en el mundo del zodiaco. La Luna, que rige naturalmente a Cáncer, puede considerarse como su brújula emocional interna. Es un cuerpo celeste suave y emotivo.

La Luna

En astrología, la luna simboliza aquellos aspectos de usted mismo que no puede expresar. Representa sus emociones más íntimas y rige sus partes más vulnerables y ocultas. La luna tiene la clave de lo que nos hace sentirnos cómodos, seguros y emocionalmente protegidos. Regula todos los aspectos de sí mismo que no muestra a los demás a menos que se satisfagan sus necesidades emocionales y de seguridad. A menudo se llama a la luna la madre cósmica. Al igual que representa nuestras emociones, simboliza nuestro lado maternal y femenino. También representa nuestros recuerdos e incluso las cosas más sencillas en las que encontramos alegría. También es una representación de nuestro niño interior. En otras palabras, la luna refleja nuestras reacciones básicas y naturales, nuestras necesidades más profundas y nuestro inconsciente.

Nuestros signos lunares son una respuesta a las actividades de nuestros soles. Tiene un poder reflexivo, una energía receptiva y reacciones receptivas. La luna es espontánea y, en última instancia, instintiva. El papel de la Luna en el sistema solar refleja su propósito en el zodiaco. El movimiento circular de la Luna alrededor del Sol puede verse como un símbolo de protección, del mismo modo en que nos enseña, o mejor dicho, quiere que nos protejamos.

La luna nos otorga nuestra vivacidad y espíritu. Controla el ascenso y descenso rítmico de nuestra energía y actividad. Es el árbitro entre el mundo exterior y el mundo interior. Es irracional, a diferencia del sol. Todo, incluidos nuestros hábitos, prejuicios, pensamientos espontáneos, reacciones y sentimientos, está gobernado por la luna. El sol censura la mayor parte de ellos, por lo que estos sentimientos no se pueden exteriorizar.

La Luna y el Sol

Para algunas personas, la luna impulsa y afecta su personalidad mucho más que el sol. Esto es cierto, especialmente si su luna cae en un signo de agua, es decir, Escorpio, Cáncer o Piscis. Su luna también puede ser predominante en su personalidad si su luna se encuentra en un ángulo de conjunción en su carta natal. Esto significa que puede estar cerca de la cúspide de la 4ª o 10ª casa, del descendente o del ascendente. Para alcanzar la felicidad en su vida, lo mejor es no prestarle a su luna ni poca ni mucha atención. Recuérdela sin analizar obsesivamente sus acciones o emociones en consecuencia. Grant Lewi, un astrólogo, ofreció la descripción más precisa de la luna. Explicó que cuando se siente algo que no se puede explicar, es porque la luna es consciente de ello, pero el sol se niega a expresarlo. Afirmó que las cosas que se sienten muy profundamente (cosas que ni siquiera se pueden gritar) son los pensamientos que surgen de la naturaleza de su luna.

Las penas silenciosas, los sueños clandestinos, el éxtasis indescriptible y la versión críptica de sí mismo que nadie parece conocer, valorar o comprender tienen su origen en la luna de su zodíaco. Cuando se siente incomprendido, indica que la naturaleza de su luna no está en consonancia con la energía del sol. A veces, la mayoría de nosotros experimentamos la frustración de saber lo que hay que hacer, pero no saber la forma correcta de hacerlo. Esto suele ocurrir cuando su luna y su sol no están en sintonía. Es la luna la que es consciente, pero es el sol el que se niega a cooperar. Cuando cuestiona sus acciones o palabras, es porque su sol o su luna han actuado a pesar del otro. La mayoría de las veces, si se encuentra satisfecho con su discurso o acción inesperada, es la luna la que ha actuado en contra de la voluntad del sol. Por el contrario, si se encuentra molesto o se critica a sí mismo, es al revés.

Buscar el equilibrio

Una vez que haya analizado su carta natal y comprenda las energías de su sol y su luna, podrá buscar la manera de mantener el equilibrio en su vida. Si, por casualidad, los signos de su sol y de su luna caen bajo el mismo signo, esto sugiere que las cosas que desea y las que necesita están alineadas. Cuando considera su camino en la vida y su capacidad para expresarse de forma cohesionada y libre, es porque puede sentir menos resistencia al hacerlo típicamente.

Si su sol y su luna son francamente incompatibles, puede ser propenso al estrés y la tensión internos. Esto se debe a que los dos cuerpos celestes intentan constantemente encontrar una manera de satisfacer las necesidades del otro junto con las suyas propias. Sus necesidades emocionales difieren de las conscientes. Por ejemplo, si su sol está en Virgo y su luna en Géminis, es posible que se encuentre luchando constantemente entre la búsqueda de la practicidad y el deseo de variedad. Es posible que tenga que superar varios obstáculos antes de encontrar finalmente la verdadera felicidad y el equilibrio. Puede emprender el camino del autodescubrimiento una vez que comprenda y acepte las diferencias entre su sol y su luna. Esto es necesario para que pueda unir y complacer a ambos aspectos de lo que es.

El sol y la luna siempre trabajan juntos, ya sea para mantener la vida en el universo o en su interior. Sin embargo, al igual que ellos han encontrado la armonía en la existencia, su papel es ayudarles a alcanzar la armonía dentro de usted. Esto no significa necesariamente que usted deba intentar que su luna y su sol busquen las mismas cosas, lo cual es imposible. Simplemente significa que debería buscar lo bueno en lo que cada uno ofrece. Además, su polaridad inherente es lo que le permite crecer y progresar. Al trabajar juntos, a pesar de sus diferencias, le permiten avanzar y dejar de lado las cosas que le frenan y obstaculizan su progreso. Al final del día, su sol y su luna quieren que usted prospere a su manera.

Cómo se manifiestan los signos lunares

Al igual que los signos solares, los signos lunares se manifiestan de forma diferente. Los signos de la luna tienen necesidades emocionales diferentes, se expresan de forma distinta y tienen reacciones diferentes. A diferencia del sol, la luna se mueve rápidamente por el zodiaco. La luna permanece en el mismo signo durante un periodo de dos días. Por eso, para calcular con precisión su signo lunar necesita la fecha, la hora y el lugar de su nacimiento.

Aries emocional

Si su luna está en Aries, puede ser muy irascible. Es probable que le guste la competencia y los desafíos y que se alimente de cualquier forma de excitación. Encuentra satisfacción en liberar la energía acumulada y, aunque esto es bueno, puede herir gravemente a la otra persona, incluso cuando ya no le afecta. Sin embargo, una de las mejores cosas de los Aries emocionales es que no guardan rencor. Una vez que hablan de sus emociones, son rápidos para seguir adelante, perdonar y olvidar.

Tauro emocional

Solo se siente seguro cuando se le proporciona estabilidad. Es casi imposible satisfacer esta necesidad con la constante imprevisibilidad de la vida. Por ello, usted tiende a ser práctico, apoyándose en los aspectos materiales del mundo. Usted se sentirá fácilmente herido si no acepta que el cambio es inevitable.

Géminis emocional

La luna en Géminis tiende a huir de sus emociones jugando involuntariamente a juegos mentales. Una vez que sus emociones son desafiadas, encuentran una manera de ver las cosas exactamente como quieren, en lugar de cómo deberían ser. Sin embargo, la luna en Géminis es inteligente y curiosa. Su naturaleza es divertida, y cuando se permite que sus sentimientos afloren, puede ser abierto y sentimental.

Cáncer emocional

Si es un Cáncer emocional, se alimenta de sus sentimientos. Incluso cuando las cosas parecen lógicamente sólidas, rara vez contradicen sus emociones. La mayoría de sus decisiones se basan en el instinto. Puede que le hieran con facilidad, aunque tiene una capa protectora que entrará en juego instintivamente para salvaguardarse. Es un poco táctico y resistente y es emocionalmente fuerte. Puede abandonar fácilmente a las personas y no mirar atrás una vez que se le acaban las advertencias o las segundas oportunidades. Sin embargo, cuando le tratan bien, es un individuo muy cariñoso, leal y cálido.

Leo emocional

Encuentra seguridad en su capacidad para impresionar a los demás. Recibir admiración y elogios es su impulso y le hace sentirse seguro. Sin embargo, cuando se encuentra en el centro de la atención, puede sentirse confundido. Naturalmente, desea el éxito, el dinero y la prominencia y puede alcanzarlo todo.

Virgo emocional

Su seguridad se basa en la claridad y la estructura, incluso cuando se trata de sus emociones. Es posible que sienta una fuerte necesidad de poner todo en orden. Esto puede causarle graves daños y entorpecer su mente, por lo que debe aceptar que las cosas son típicamente imperfectas. Es simplemente la naturaleza de la vida.

Libra emocional

Si su luna es Libra, probablemente busque seguridad en sus relaciones. Además, desea ser una fuente de felicidad para los demás y favorece una vida social abundante y gratificante. Sin embargo, al final, concéntrese más en usted mismo y descubra las cosas que le satisfacen. Como Libra emocional, desea fuertemente una vida armoniosa y equilibrada.

Escorpio emocional

Con su luna en Escorpio, puede sentir la necesidad de profundizar al máximo en sus emociones. Normalmente, ahondar tanto en sus sentimientos puede hacer que se sienta vulnerable. Aunque explorar y comprender sus emociones es algo bueno, también significa que nunca podrá dejar de lado nada que le haya hecho daño. Esto también dificulta que haga algo que no esté dispuesto a hacer.

Sagitario emocional

Como alguien con luna en Sagitario, siempre está buscando algo. Este es su máximo deseo. Encuentra seguridad en la aventura y la exploración. Le gustan las creencias y filosofías intrigantes. Siempre busca cosas, misiones o metas que den sentido a su vida. Elige experimentar las vibraciones más elevadas de la vida, lo que le permite desprenderse de las emociones negativas con bastante rapidez.

Capricornio emocional

Usted obtiene su seguridad al sentirse útil. Quiere beneficiar a los que le rodean. Desea ayudar a la sociedad y obtener explicaciones del mundo exterior. Por desgracia, su necesidad de validación puede hacer que se sienta poco querido e inútil, lo que le lleva a pasar por alto sus propias necesidades. Debe confiar en su potencial en lugar de preocuparse porque los demás le ignoren.

Acuario emocional

Si es un Acuario emocional, es probable que tenga una relación compleja con sus emociones. Siente la necesidad de liberarse de las emociones negativas. Desea liberarse de la ira, los celos, el miedo y otros sentimientos no deseados. Si bien esto puede otorgarle tranquilidad temporalmente, con el tiempo esto generará mucha presión y embotellará sus emociones. Además, cuando los demás muestren emociones negativas, esperarán que siempre las tolere.

Piscis emocional

Los que tienen luna de Piscis se caracterizan por su discernimiento y sensibilidad, lo que puede hacer que se sientan inseguros a veces. Los Piscis emocionales suelen ser pasivos cuando se trata de su futuro y de la vida en general. Se limitan a sentarse y a observar cómo se desarrollan las cosas. Sin embargo, si se dedican a la espiritualidad y la creatividad, pueden desbloquear ilimitadas esferas de la imaginación.

Cuando se trata del mundo del zodiaco, la gente suele prestar atención a sus signos solares o estelares. Sin embargo, lo que no saben es que la posición de su luna es igual de importante. La luna es todo lo que el sol reprime. Es el inconsciente y sus emociones ocultas y tácitas. Explorar su luna puede ser la clave para liberar su creatividad y su camino hacia el autodescubrimiento.

Segunda parte: El poder secreto de la numerología

Capítulo 5: ¿Qué es la numerología?

Tanto si hablamos de nuestra vida cotidiana como en términos espirituales, no es de extrañar que los números tengan un valor significativo. A lo largo de este capítulo, exploramos el significado de los números en el mundo espiritual. La numerología, en pocas palabras, es la correspondencia entre un número y su naturaleza espiritual en los individuos y en el concepto de la existencia como un todo. Tenga en cuenta que la numerología también puede referirse únicamente al estudio del valor numérico del alfabeto.

Durante siglos, la gente ha experimentado con diferentes ideas y conceptos en la numerología. Sin embargo, no fue hasta 1907 que la palabra numerología propiamente dicha fue escrita en el idioma inglés. Babilonia, el antiguo Egipto, China, Japón, Roma y Grecia fueron algunas de las primeras civilizaciones donde surgieron los primeros registros de numerología. Pitágoras, el filósofo griego, es históricamente conocido como "el padre de la numerología". Fue muy celebrado por ser un increíble matemático y erudito. Aunque gran parte de la vida de Pitágoras es un misterio, su interés por los números es bien reconocido en la historia. Impulsado por su pasión, viajó a Egipto, donde pasó 22 años estudiando la numerología caldea. Creía que el poder de los números era la esencia de toda la existencia y que el mundo entero estaba construido sobre él. Según Pitágoras, todo en la vida se puede traducir a una forma numérica. Esto le llevó a desarrollar el sistema numérico pitagórico, que todavía se aplica en la tecnología moderna. Este sistema se basa en la idea de que a las letras se les pueden asignar valores numéricos.

Los números también tienen un gran significado en la religión. Por ejemplo, hay quien dice que el número 888 representa a Jesús, la naturaleza infinita de la Santísima Trinidad y el Hanukkah, que dura ocho noches. El número 666, en cambio, está vinculado a la bestia. En el tarot, cada carta tiene un número con un significado único y distinto, y en la tradición china, la mala suerte está muy asociada al número 4. Así pues, la numerología es importante en todos los aspectos de nuestra vida. La utilizamos inconscientemente para encontrar el significado de diferentes cosas. Algunas personas incluso dominan involuntariamente el arte de la numerología para emplearlo en el mercado de valores. Pero la mayoría combina la numerología y la astrología para encaminarse hacia la clarividencia y el autodescubrimiento.

Señalemos que no hay que confundir la numerología con la astrología. Aunque son estudios muy diferentes, ambos tienen como objetivo descubrir las cualidades, características y rasgos únicos de los individuos. La astrología y la numerología se basan en conceptos e ideas distintas. Sin embargo, pueden utilizarse, y de hecho se utilizan, conjuntamente de varias maneras. Por ejemplo, la gente combina los dos campos para hacer predicciones e intentar entenderse a sí mismos y a los demás. Tanto la numerología como la astrología utilizan las matemáticas, la ciencia y la espiritualidad para descifrar las lecturas del futuro. De hecho, Prem Jyotish, experto en numerología y astrología, ofrece una de las explicaciones más claras sobre cómo se puede utilizar la numerología con ese fin. Explica que la numerología emplea números significativos en su vida (números que giran en torno a ella) como señales que pueden permitirle encontrar diferentes cosas que pueden ayudarle sin estar atado a una línea de tiempo o a un horario específico.

El día que nació, los planetas, el sol y la luna se alinean para crear su energía. Sus posiciones en nuestro zodiaco continúan afectándonos a medida que se mueven. Entender su posición en relación con el zodiaco puede ayudarle a comprender mejor su comportamiento, sus emociones, sus reacciones y, en definitiva, quién es usted como persona. Por otra parte, al combinar las letras de su nombre de nacimiento con sus respectivos números, la numerología puede ayudarle a conocer su futuro. Esto reflejará los rasgos de su personalidad, los motivos, los retos, los talentos y la energía del karma. Tanto la astrología como la numerología son necesarias para aprovechar las lecturas que se obtienen de ambos estudios. Sus inferencias astrológicas pueden ser erróneas si no se basan en las cartas de división y en una interpretación precisa de las mismas. Esto se aplica también a la numerología. La libertad con la que expresa sus emociones y la mezcla con el entorno que le rodea pueden afectar a sus lecturas numerológicas.

¿Cómo funciona?

La ciencia de la numerología puede ser muy esotérica. Si busca lecturas precisas y muy detalladas, es posible que tenga que recurrir a un numerólogo certificado. Sin embargo, se pueden obtener fácilmente cálculos sencillos como los de su personalidad, expresividad, trayectoria vital y números impulsores del alma. Conectar los puntos y averiguar cómo todos estos números entran en juego juntos es la razón por la que se necesita un experto. Invariablemente, las predicciones de numerología pueden proporcionar una visión profunda de diferentes aspectos de la vida. También pueden ayudarle a conocer mejor a otras personas. Las lecturas y cálculos más básicos pueden revelar cosas increíbles. Al igual que la naturaleza infinita de los números, una carta de numerología puede ser leída e interpretada de infinitas maneras.

Lo que puede hacer por usted

Además de proporcionar las claves para las predicciones y el autodescubrimiento, la numerología, cuando se utiliza correctamente, puede ayudarle a descubrir los significados ocultos de la existencia. Piense en la numerología como su propia guía personal para la vida. Le dicta sus posibilidades, su potencial, sus puntos fuertes y sus puntos débiles. Los tres números derivados de su nombre (los números de la personalidad, el poder y los impulsos del alma), junto con los otros tres derivados de su fecha de nacimiento (la trayectoria vital, la actitud y los números de nacimiento), tienen cada uno su propio significado y propósito. Algunos dicen que el más importante de todos ellos es el número de la trayectoria vital. Las energías específicas están vinculadas a los números designados. Por ejemplo, el número "1" se asocia con la innovación, el liderazgo y la independencia, mientras que el número "3" está vinculado a la autoexpresión, el atractivo y el optimismo. El número "6" refleja la armonía y la responsabilidad, y el "9" la curación, la compasión y la perfección.

Aunque puede resultar confuso a primera vista, entender el concepto que hay detrás del cálculo es bastante sencillo. Para empezar, el cosmos de su vida se ve afectado por su fecha de nacimiento. Determina el camino de su vida y proporciona una interpretación de las relaciones que cultiva. Puede considerarse como una visión beneficiosa de lo desconocido, una forma de prepararse para lo que está por venir. La numerología puede ayudarle a aprovechar su potencial y sus capacidades y enseñarle a hacer brillar su carácter. Su objetivo es ayudarle a cambiar su propia vida eligiendo el camino que quiere recorrer. Muchas personas recurren a la numerología cuando quieren tomar decisiones difíciles o que alteren su vida. Les da una visión clara de si es un momento adecuado para embarcarse en nuevos viajes vitales. Cuando se lanza a explorar lo desconocido, la numerología suele enviarle señales para advertirle de los ingresos positivos y negativos.

La numerología puede ayudarle a encontrar el propósito de su espíritu y guiarle hacia los caminos por los que puede formar relaciones profesionales y personales significativas. Le da una visión clara de la persona que le acompañará en la vida. La numerología también puede ayudarle a dirigirse hacia las oportunidades, dándole a conocer las vías que prometen resultados auspiciosos. No solo eso, sino que también le permite comprender la mentalidad, las ambiciones, los impulsos, los deseos y las inhibiciones de personas importantes en su vida. Por ejemplo, puede hacerle comprender por qué algunas personas tienen éxito y otras fracasan, aunque trabajen por el mismo objetivo (riqueza, estatus, felicidad, iluminación).

Puede utilizar la numerología para descubrir más sobre sus rasgos, fijar objetivos y establecer planes que le ayuden a alcanzarlos. Le ayuda a tomar las decisiones correctas en materia de educación, trabajo, finanzas, amor y matrimonio. También le permite encontrar formas seguras de superar sus retos. Al utilizar la numerología para evaluar las energías de su entorno, siempre estará en el lugar correcto en el momento adecuado.

Los rasgos de los números

¿Se ha preguntado alguna vez por qué los números se dividen en pares e impares? Esto se debe a que comparten rasgos similares. Sin embargo, los números pares e impares tienen sus propios puntos fuertes y débiles.

Números impares

Los números impares personifican el espíritu de aventura, la creatividad y la inspiración. Son símbolos de cosas intangibles vinculadas al hemisferio derecho del cerebro. A los números impares les gusta hacer las cosas de forma diferente. Van a contracorriente, y quizá por eso se les llama números "impares". Profundicemos en estos simbolismo:

El número 1 simboliza el impulso hacia adelante y la iniciación. El sol y la inteligencia están asociados a él. El número 1 se considera masculino. Como visionarios y líderes, los números 1 son pioneros, directos y revolucionarios. Su debilidad, sin embargo, es que pueden ser demasiado dominantes y mandones. Pueden ser demasiado agresivos y no saben escuchar.

El número 3 simboliza el impulso artístico, la autoexpresión y la creatividad. Se cree que los números 3 son superdotados y tienen un talento natural. Son afortunados y optimistas, tienen un elevado sentido de la imaginación y un gran sentido del humor. Dicho esto, los números 3 no son todo bendiciones. Tienden a cotillear y a ser poco organizados. Se pierden y no tienen un gran sentido de la orientación. Hablan mucho, pero nunca actúan según sus palabras.

El número 5 representa el anhelo de experimentar todos los aspectos de la vida. Este anhelo se manifiesta en emociones mundanas como el amor a la aventura, la curiosidad y el cambio. Naturalmente, el número 5 tiende a ser peculiar. También es el número de lo ilimitado. Los números 5 eligen explorar y expandirse en todas las direcciones en todo momento. Sin embargo, por muy "raro" que suene, el número 5 puede ser considerado temeroso. También suelen ser malhumorados, infelices e incluso se les puede considerar como artistas de la evasión.

Los números del 1 al 6, tanto en los grupos pares como impares representan las preocupaciones cotidianas. Por el contrario, los números 7 y siguientes se ocupan de asuntos de mayor trascendencia.

El número 7 simboliza la necesidad de conocimiento y sabiduría y busca comprender el reino de los tecnicismos. Los números 7 son escépticos y ermitaños. Les gusta investigar, observar e indagar. Por otro lado, los números 7 pueden parecer sarcásticos y cínicos. Son bastante analíticos, por lo que a veces pueden parecer retraídos y deprimidos.

El número 9 representa el deseo de encontrar aceptación y amor amistoso. También se asocia con el aprecio y la compasión. El número 9 tiende a ser indulgente y tolerante, aunque puede parecer amargado y malhumorado. Los números 9 también son posesivos y propensos a la depresión. Por ser el número impar más grande, el 9 encarna la idea de finalización. Como veremos, es similar al número 6, pero en una versión mucho más sabia y madura.

Números pares

Los números pares están vinculados al hemisferio izquierdo del cerebro. Simbolizan cosas estructuradas y dispuestas. A diferencia de los números impares, los números pares representan cosas tangibles y les gusta ajustarse a las normas. No les gustan los imprevistos y prefieren que su vida transcurra sin sobresaltos. En general, los números pares se asocian a las cosas "correctas" de la sociedad.

El número 2 encarna la tranquilidad, la armonía y la unidad. Los números 2 suelen ser amables y tranquilos. También se caracterizan por su paciencia y sensibilidad. El número 2 se considera femenino y representa a la luna. Expresa energías abstractas, sentimientos, intuiciones y vibraciones difíciles de expresar con palabras. Pero los números 2 pueden ser percibidos como tímidos. Son autocríticos, se consumen demasiado en los detalles y suelen ser poco proclives a defender sus convicciones.

El número 4 simboliza la necesidad de orden. Es estructurado, sistemático y busca la practicidad y la eficacia. Los números 4 se consideran con los pies en la tierra. La desventaja del número 4 es que pueden ser cerrados, estrictos y muy testarudos. También pueden carecer de imaginación.

El número 6 siente la necesidad de prestar servicio. También simboliza la ternura, el cuidado y el amor romántico. Representa la benevolencia de los individuos que son muy cariñosos con otras personas. Esto los hace patrióticos, orientados a la familia y dedicados a los demás y a su bienestar. Desgraciadamente, esto también les hace ser abnegados y, en cierto modo, sobreprotectores. Pueden ser persistentes y resentidos, a menudo hasta extremos insanos.

El número 8 encarna el espíritu de la ley. Se asocia principalmente con la ley de la retribución. El número 8 se rige por la frase "para cada acción, hay una reacción igual y opuesta". Los números 8 se ocupan de las causas y los efectos y del concepto de karma. Son estructurados, autoritarios y se rigen por la necesidad de equilibrio y los mandamientos de Jesús y Moisés. Los números 8 son poderosos y orientados, aunque pueden ser obsesivos y demasiado impulsivos. El número 8 es típicamente compulsivo y avaro. Sin embargo, el número 8 se distingue misteriosamente del resto. Contiene altas energías y poder.

El número cero, o la cifra, simboliza el cumplimiento de las posibilidades. El cero puede elevar y atraer a cualquier número al que acompañe. Sin embargo, no cambia el valor del número. Solo lo hace más maduro y crecido. Es una forma de mostrar que los otros números han experimentado un ciclo completo y ahora están preparados para operar desde perspectivas más elevadas. La cifra es un emblema del mundo entero.

Los números maestros

Como números maestros, el 11, el 22, el 33 y el 44 son fenomenalmente especiales. Transmiten un fuerte sentido de dedicación para ayudar al despertar sustancial de la conciencia. Cuando un número maestro aparece en una carta numerológica, esto sugiere que la madurez y la sabiduría son necesarias para lidiar con varias responsabilidades y elecciones de vida con éxito. Los números maestros se componen de dos dígitos simples, y estos dígitos pueden dar lugar a cosas más grandes que las que los dígitos simples pueden lograr por sí solos. Se puede conocer la cifra única a la que se puede reducir cualquier número maestro. Por ejemplo, el número 11 puede reducirse a 2 (1+1=2), y 22 puede reducirse a 4 (2+2=4). Del mismo modo, 33 es 6 y 44 es 8.

El número maestro 11 engloba las cualidades de los números 1 y 2. El 11 también puede escribirse como 11/2. Simboliza la fuerza que ilumina el camino hacia un sentido superior de la conciencia. Se requiere una gran flexibilidad y fuerza interior para recorrer ese camino. En el lado negativo, el 11 puede ser percibido como una persona muy nerviosa y ansiosa. Es fácilmente desencantado y contradictorio. Algunos llegan a decir que tiene rasgos "esquizofrénicos". Oscila constantemente entre las personalidades. La necesidad de equilibrio impulsa al 11/2.

El número maestro 22 muestra las cualidades de los números 2 y 4 y puede escribirse como 22/4. Simboliza la necesidad de reconstruir el mundo de acuerdo con las leyes de la dignidad humana y la participación igualitaria. Sin embargo, las personas con 22/4 pueden caer en comportamientos autodestructivos. Puede que se les considere muy negativos, perezosos e incluso crueles.

El número maestro 33, escrito como 33/6, incluye todas las cualidades de los números 3 y 6. Está impulsado por el deseo de aligerar y vitalizar el mundo ofreciendo humor y risas. Sin embargo, este número puede sentirse agobiado y sin rumbo. Se le considera como una persona complaciente con la gente.

Por último, el número maestro 44 (o 44/8) encarna las cualidades de los números 4 y 8. Simboliza la necesidad de reconciliación y de tender un puente entre el dios y la diosa empleando la espiritualidad interior y alineando la mente y el cuerpo. En el plano mundano, social y personal, se ocupa de curar a los niños. Se siente fácilmente abrumado por los retos y las cargas de la vida. Irónicamente, el 44 puede parecer opresivo y sin corazón.

En definitiva, el estudio y la práctica de la numerología pueden ayudarnos a comprender la esencia de la existencia, de nosotros mismos y de los demás. Ofrece una gran visión del futuro, ayudándonos a tomar decisiones importantes en la vida. Utilizando la numerología, puede orientarse por caminos positivos y encontrar formas de superar los desafíos.

Capítulo 6: Descubra su número del destino

La numerología utiliza el número del destino de una persona para determinar sus objetivos en la vida y cómo deben perseguirse esos objetivos. Este número, también conocido como número de expresión, es fácil de calcular y puede ayudarle a obtener información significativa sobre su verdadera naturaleza. Sin embargo, recuerde que este número no dice quién es usted ahora mismo, sino que indica el tipo de persona que podría ser si cumple con sus obligaciones y sigue sus instintos.

La forma más comúnmente sugerida para calcular su número del destino es sumando los dígitos individuales correspondientes a las letras de su nombre de nacimiento. Mientras que muchas personas sugieren utilizar su apodo, otras piensan que la única forma correcta de calcularlo es utilizando el nombre que le dieron sus padres en su partida de nacimiento. Sin embargo, puede probarlo con variaciones de su nombre para obtener resultados interesantes que podrían proporcionarle conocimientos ocultos. Por supuesto, también deberá evitar incluir prefijos o sufijos como Jr, Sr, o 1er, e incluso los cambios hechos a su nombre más tarde en su vida deben ser evitados.

La tabla que se utiliza para descubrir el número del destino es bastante sencilla y se puede encontrar fácilmente en internet. Se trata de la siguiente:

1	2	3	4	5	6	7	8	9
A	B	C	D	E	F	G	H	I
J	K	L	M	N	O	P	Q	R
S	T	U	V	W	X	Y	Z	

Tomemos un nombre al azar y descubramos su número del destino utilizando la tabla. Por ejemplo, si una persona se llama Jack Black, entonces los pasos para descubrir su número del destino utilizando los valores de la tabla serán:

1. JACK = 1+1+3+2 = 7

2. BLACK = 2+3+1+3+2 = 11 (sume ambas cifras individuales, por lo que 1+1) = 2

3. **Número del destino** = 7+2 = 9

Después de descubrir el número del destino, solo tiene que hacer coincidir el número resultante con la descripción dada para cada número. Más adelante hablaremos de cómo los números del destino afectan al camino de cada individuo en la vida en detalle para ayudarle a entender mejor con qué objetivos de la vida debe alinearse. Estos son lineamientos básicos para darle una visión general y podrían incluir más puntos según corresponda.

Así pues, echemos un vistazo al número que ha calculado para su nombre:

Número 1

Como poseedor del número 1 del destino, se esfuerza por ser el mejor y su camino consiste en liderar a los demás. Tiene un fuerte impulso de liderazgo y de alcanzar el poder, lo que le convierte en un líder naturalmente hábil. La determinación inquebrantable, la perseverancia y la valentía que muestra inspiran a los demás a seguirle. Tiene un gran sentido de la iniciativa y no espera a que nadie dé el primer paso.

No tiene dudas sobre sí mismo, una característica que no debe exhibir cuando sigue su destino. Su confianza en sí mismo y su audacia frente a obstáculos insuperables le convierten en un líder nato. Usted anhela la independencia y no quiere estar atrapado en una carrera de ratas como los demás. Por eso, a menudo se lanza de cabeza a tomar decisiones sin pensar en las consecuencias.

Con un impulso tan fuerte hacia el éxito y la capacidad de innovar, destacaría en la creación de un negocio propio. Su determinación y las soluciones creativas que se le ocurren probablemente le reportarán grandes beneficios económicos en su vida. Pero, a veces, puede que tenga que ser más amable y considerado con los demás. Su número de destino le conducirá intrínsecamente hacia el egocentrismo y el egoísmo, ya que su enfoque de liderazgo es despiadado y agresivo. Sin embargo, comprenda que las cosas pueden lograrse incluso sin recurrir a tales extremos.

Número 2

Al ser un número 2, su trabajo consiste en ser un precursor de la paz, la armonía, el amor y la cooperación. Para usted, el propósito de todo en la vida es mantener el amor y la armonía. Como resultado, prospera en ambientes libres de conflictos, y siempre se esforzará por apaciguar cualquier situación en la que las tensiones sean profundas.

Puede destacar en la diplomacia y el don de gentes si dedica el tiempo necesario para prepararse adecuadamente. Para usted, una causa mayor puede ser la motivación que le empuje a la grandeza. Aunque no tenga crédito por lo que ha hecho, se sentirá satisfecho con su contribución, ya que sus ideas le importan más que el dinero o la riqueza. Sin embargo, puede que sea más un soñador que un hacedor, y a menudo le costará ser práctico y darse cuenta de que algunas cosas están fuera de su alcance.

Puede que sea tímido, pero socializar es una actividad esencial para usted, ya que la falta de ella le haría estar deprimido y ser pesimista. Trabajar su timidez, su indecisión y su hipersensibilidad le permitirá cultivar grandes habilidades interpersonales. Será admirado y querido por todos los que le rodean, gracias a su capacidad de comprensión y empatía.

Número 3

Como poseedor del destino número 3, será el alma de todas las fiestas o conversaciones a su alrededor. Ser optimista, inspirador, entusiasta y amistoso está en su naturaleza y le ayudará a atraer a los demás hacia usted. Impresionará fácilmente a la gente con sus encantos, y a la gente le encantará entablar conversación con usted gracias a sus notables habilidades sociales.

Puede desarrollarse en líneas creativas como la escritura, la oratoria, el canto o cualquier otro arte escénico. Incluso su destino se alineará con la devoción adecuada, por lo que obtendrá el máximo de oportunidades para estar en el escenario. Para usted, la vida es un viaje que está destinado a ser disfrutado, y su optimismo aumentará a medida que madure. Sin embargo, es necesario que siga sus pasiones y no deje de lado lo que su corazón realmente desea, o de lo contrario puede caer en un ciclo de ira, depresión y comportamiento autodestructivo.

Gracias a su capacidad para inspirar e influir en los demás, podrá desenvolverse bien en una carrera como las ventas. Sus únicos puntos débiles podrían ser la superficialidad y el intento de complacer a todo el mundo. Suponga que puede superar estos obstáculos y desarrollar su personalidad para ser positivo, levantando el ánimo de los demás. En ese caso, cumplirá su destino de ser una inspiración para los que le rodean.

Número 4

Como portador del número 4 en su destino, estará dotado naturalmente de los principios del trabajo duro y la responsabilidad. Le gusta el orden y la estabilidad, y a menudo llega a sacrificar sus propias comodidades para establecer y mantener un sistema que funcione bien. El número 4 es un excelente socio, ya sea en los negocios o en el matrimonio, debido a su inquebrantable devoción por una causa.

Será feliz planificando, organizando y ejecutando una estrategia, lo que le convierte en un candidato ideal para puestos directivos. Servirá de base a muchas instituciones de su entorno, ya sea su familia o su comunidad. La gente confía en usted por su demostrada dedicación y pragmatismo.

Debe aprender a asumir riesgos si desea maximizar su potencial. Puede que crea que si fracasa, la gente pensará mal de usted, pero esto no es más que un miedo irracional que debe superar tarde o temprano. Si busca cualidades como una moral intachable, honestidad, lealtad y seriedad, será el más feliz, ya que le acercará a su destino.

Número 5

Si hay una palabra que se puede asociar al destino del número 5, es libertad. Es un alma libre a la que no le gusta estar atada a nada. Se frustra cuando su vida se vuelve mundana o se estanca. Mientras que muchos otros quieren estabilidad, usted disfruta de la sensación de aventura y cambio. Desea explorar el mundo y vivir la vida al máximo.

Una vida sedentaria es su peor pesadilla, y no quiere quedarse estancado en la rutina. Para usted, viajar tiene que ver tanto con el viaje como con el destino. Puede que usted roce la categoría de egocéntrico, y que sus relaciones tampoco duren mucho tiempo. Esto se debe a que se aburre de la repetición y la rutina, incluso en las relaciones.

Sin embargo, también es una persona versátil con múltiples talentos. Tiene una mente curiosa que le permite ser más consciente y espiritual que otros. Si puede superar sus debilidades como el miedo, el egoísmo y la ceguera, entonces podrá respaldar el papel al que le conducirá su destino.

Número 6

Cualquier persona con el número de destino 6 está bendecida con la capacidad de amar, apoyar y nutrir a aquellos en su vida. No distinguirá entre amigos, familia o sociedad mientras envía su amor. Lo único que le importará es tratar a todos con amabilidad y compasión.

Un número 6 encontrará la felicidad en levantar el ánimo y elevar el espíritu de otras personas que podrían sentirse deprimidas. Siempre que sea confiable, amigable y abierto a los demás, no tendrá problemas a la hora de cumplir con sus metas destinadas. Los que tienen este número de destino suelen ser propensos a empatizar demasiado con todo el mundo, y se desviven por ayudar a los necesitados. Desgraciadamente, esto a veces puede jugar en su contra, ya que se involucran demasiado con los demás y pasan por alto sus propias necesidades.

Un número 6 puede tener muchos otros talentos, pero lo más probable es que se dedique a ayudar a los pobres, hambrientos, ancianos y necesitados. Los trabajos que impliquen caridad de cualquier tipo serán los más atractivos para usted debido a su inherente compasión y amor por los demás. La vida familiar de un número 6 será próspera y llena de amor, pero los rasgos negativos que podría exhibir son la dominancia y el arribismo. Si un número 6 puede eliminar cualquier vestigio de estos comportamientos negativos y aceptar a los demás con un corazón abierto, entonces podrá cumplir con el papel elegido para él por su destino.

Número 7

Si su número de destino es el 7, usted será un aprendiz de por vida y un maestro. El propósito de su existencia es obtener conocimientos y compartirlos con los demás. Debido a su deseo de conocimiento, lo más probable es que tenga una naturaleza contemplativa y se encuentre estudiando a fondo la religión, la espiritualidad, la filosofía y a sí mismo.

En el fondo es un alma bondadosa, pero como su sabiduría se extiende más allá de lo que otros pueden comprender, sus palabras pueden herir a otros que no son conscientes de sus intenciones. Puede que sienta la necesidad de pasar la mayor parte de su tiempo a solas, pero esto le perjudicará. Si no comparte sus conocimientos con los demás interactuando con ellos, esto le llevará a la frustración y la depresión imprevistas.

Lo más probable es que su destino le conduzca hacia una carrera de naturaleza similar a su sed de conocimiento. Le irá bien como científico, profesor o gurú espiritual, ya que naturalmente quiere compartir sus conocimientos e iluminar a los demás.

Sus únicos inconvenientes son el escepticismo, el cinismo y la superficialidad. Sin embargo, si puede superar estos vicios, entonces cumplirá con su verdadero potencial y destino.

Número 8

Las personas bendecidas con el número 8 tienen un gran impulso natural por el éxito en el mundo material, y buscan imponer el respeto y el poder ante los demás. No es fácil estar a la altura de un número 8, pero si se domina lo que se exige del mismo, este número se convierte en uno de los más gratificantes.

El número 8 tiene un inmenso potencial de éxito financiero. Será un gran hombre de negocios, y su destreza administrativa no tendrá parangón si ejerce el juicio adecuado. El número 8 tendrá a veces conflictos de autoridad, lo que le hará sentir que ejerce su autoridad allá donde vaya. Este es uno de esos problemas que vienen con gran poder y habilidad. Una vez que supere estos problemas básicos de personalidad, logrará mucho en el mundo material.

También es posible que se enfrente a problemas como la terquedad y el exceso de ambición, pero estos pueden convertirse fácilmente en una ventaja si los reconoce y los aborda. Por ejemplo, la terquedad se puede convertir en una fuerte autoestima y confianza en lo que se persigue, mientras que su ambición puede ayudarle a ser más impulsivo para lograr el verdadero camino trazado por su destino.

Número 9

Por último, a un número 9 le gusta estar rodeado de gente e interactuar con ellos con compasión y cuidado. Si este es su número de destino, será más feliz cuando colabore con otros y les ayude a alcanzar su máximo potencial. Lo más probable es que sea un romántico de corazón y que vea todo a través de su prisma de romanticismo, pero cuando la gente no está a la altura de sus expectativas, puede sentirse decepcionado.

La gente suele verle como un mentor y espera que les guíe en su propio camino, ya que su vida parece bien resuelta. Las amistades y otras relaciones son vitales para su viaje, ya que no puede funcionar sin conexiones significativas con los demás. Puede curar y reparar a las personas de espíritu roto con su apoyo carismático e incondicional, que le ayuda a crecer como persona.

Si no cultiva su personalidad en consonancia con su destino, acabará siendo exactamente lo contrario de lo que estaba destinado a ser. Por ejemplo, puede convertirse en una persona sin emociones, fría y arrogante si no invierte tiempo en los demás, ya que esta es la única manera de cumplir plenamente con su destino.

Ahora bien, después de descubrir su número del destino y el camino trazado para usted, es su deber seguirlo. No hay ninguna garantía de que resulte exactamente como se describe en los puntos anteriores si no inverte en sí mismo. Debe trabajar activamente para dejar de lado los aspectos negativos de su personalidad, o de lo contrario podrían llegar a ser dominantes con el tiempo. Si esto ocurre, nunca podrá liberar el potencial de su destino.

También puede tratar de encontrar el número del destino de sus apodos para ver si pintan una imagen similar. A menudo, cuando obtiene los diferentes números del destino, puede identificar una mezcla de diferentes cualidades de ambos números en su personalidad. Esto le ayudará a comprender mejor las diferentes facetas de su personalidad y, a su vez, podrá seguir el curso de su destino de una manera mucho más completa.

Capítulo 7: Encuentre el número de su trayectoria vital

La numerología es el estudio de la relación entre los números y el mundo físico. Como hemos visto, se basa en las enseñanzas del antiguo filósofo griego Pitágoras, también conocido como el padre de las matemáticas. Según Pitágoras, todas las cosas del mundo físico contienen las vibraciones energéticas de los números. Además de proporcionar soluciones cuantitativas del mundo real, creía que los números están interconectados. Los números que se repiten y la sincronización numérica se han observado durante miles de años. La numerología es una gran herramienta para identificar patrones y dar sentido a los números recurrentes en su vida. El estudio y la práctica de la numerología pueden ayudarle a comprender mejor el mundo que le rodea y los rasgos de su carácter mediante la observación de patrones numéricos en su vida diaria.

Pitágoras y sus contemporáneos creían que, dado que los conceptos matemáticos son fáciles de regular y clasificar, podían conectarse fácilmente con la realidad. Hoy en día, los practicantes de la numerología creen que todo en este mundo tiene una representación numérica, y que corresponde a los seres humanos comprender la relación divina entre los números y los acontecimientos que ocurren a lo largo de su vida. La numerología moderna ofrece un sistema completo para identificar las principales influencias numéricas que se encuentran a través de los nombres y las fechas de nacimiento de las personas. Pitágoras ideó un método que atribuye un valor numérico al alfabeto. Basándose en sus teorías, la práctica de la numerología puede ayudarle a comprenderse mejor a sí mismo.

Número de la trayectoria vital

El número de su trayectoria vital puede ayudarle a conocer sus habilidades, hábitos, tendencias y posibles obstáculos a los que podría enfrentarse en la vida. Con el poder místico de la numerología, y lo que es más importante, a través de su número de trayectoria vital, puede centrarse en sus puntos fuertes, comprender y aceptar sus debilidades, hacer realidad sus ambiciones, perfeccionar sus talentos naturales y cumplir el propósito de su vida. Con la ayuda de su número de trayectoria vital, puede identificar por qué se produjeron ciertos acontecimientos en su pasado, por qué está pasando por una determinada fase de su vida o por qué siente que está dando vueltas en círculos. El número de su trayectoria vital es una herramienta significativa para apreciar lo que tiene, superar sus límites y crear un futuro mejor con la comprensión de su gran propósito de vida.

¿Cómo encontrar su número de trayectoria vital?

Para descubrir su número de trayectoria vital, solo tiene que resolver una sencilla ecuación. Según la numerología, reduciendo su fecha de nacimiento a un solo dígito, encontrará su número de trayectoria vital. Para ello, deberá tomar los dígitos individuales de la fecha, el mes y el año de su fecha de nacimiento y sumarlos por separado. Así obtendrá tres números diferentes. Ahora, sume esos tres números. Si es un número de dos dígitos, vuelva a sumar los dígitos individuales de ese número de dos dígitos hasta llegar a un número de un solo dígito. Si obtiene un número de un solo dígito, ése es el número de su trayectoria vital.

¿Todavía está confundido? Pongamos un ejemplo para encontrar su número mágico de la trayectoria vital. ¿Qué tal si nos ayuda el famoso mago Harry Potter? Harry nació el 31 de julio de 1980. Vamos a considerar el día, el mes y el año por separado para encontrar el número de la trayectoria vital de Harry. Empecemos por el día. Como nació el 31, sumaremos 3 y 1, lo que nos da 4. Como julio es el séptimo mes del año, obtenemos el 7 como segundo número. Supongamos que nació en diciembre, que es el 12º mes. Sumaríamos el 1 con el 2 y obtendríamos el 3 como segundo número. Ahora, consideremos el año 1980. Sumamos 1, 9 y 8 y obtenemos como resultado 18 (un número de dos cifras). Entonces, sumamos el 1 con el 8 del número 18 y obtenemos el 9 como tercer número. En resumen, tenemos los números 4, 7 y 9 correspondientes al día, mes y año de la fecha de nacimiento de Harry. Por último, sumaremos los tres números hasta llegar a un número de un solo dígito. Así, sumando el 4, el 7 y el 9 obtenemos el 20. Si sumamos el 2 con el 0, el 2 es el número final y el número de la trayectoria vital de Harry.

Ecuación

Paso 1:

31/07/1980 = (3+1) + (7) + (1+9+8+0)

Paso 2:

31/07/1980 = (4)+(7)+(20) = (4)+(7)+(2+0)

Paso 3:

31/07/1980 = (4)+(7)+(2) = 20 = (2+0) = 2

Número de la trayectoria vital = 2

Al reducir la fecha de nacimiento de Harry a un solo dígito, hemos descubierto que su número de trayectoria vital es el 2. Sin embargo, hay una trampa. Si, durante los cálculos, termina con un número como el 11 o el 22, no puede reducirlo más. La razón es que el 11 y el 22 son conocidos como "números maestros", según la numerología. Las personas que tienen alguno de estos dos números como número raíz se consideran especiales. Tal vez Albus Dumbledore era uno de ellos. ¿Quién sabe?

Los expertos en numerología creen que es importante seguir la fórmula mencionada anteriormente para calcular los números de la trayectoria vital. Sin embargo, también creen que la ciencia detrás de la numerología tiene una naturaleza integrada y una brillante arquitectura propia. Por lo tanto, sumar números a ciegas no le servirá de nada. Por el contrario, podría confundirse con el resultado.

Ahora, ¿qué se supone que debe hacer con su número de trayectoria vital? ¿Qué significa todo esto? La explicación es sencilla. Se cree que cada número tiene una vibración específica asociada a diferentes rasgos, habilidades y obstáculos. Utilizando nuestro ejemplo anterior, el número de la trayectoria vital de Harry Potter revela que es cariñoso, profundamente amable y empático. Desde luego, ¡no puede negarse! Para descubrir lo que su número de trayectoria vital revela sobre su vida, siga leyendo. Pero, antes de continuar, hay algunas cosas que debería saber. En primer lugar, debe seguir el procedimiento correcto para calcular su número de trayectoria vital. En segundo lugar, cada número de su trayectoria vital está asociado a ciertos puntos fuertes y desafíos. Debe entender y aceptar su número de trayectoria vital para tener un impacto positivo en su vida. Cuando se alinee con el camino de su vida, se sentirá más energizado, motivado y encaminado. Sin más preámbulos, ¡pasemos al núcleo de este capítulo!

Interpretaciones de los números de la trayectoria vital

Número de la trayectoria vital 1

Rasgos

Evidentemente, el número 1 siempre es el primero. Este número se asocia con la autonomía, la independencia, la individualidad y el liderazgo. Las personas con el número 1 como número de la trayectoria vital son conocidas por ser ambiciosas, atrevidas y fuertes, y tienen una tendencia natural a perseguir sus objetivos. Son líderes natos que suelen encontrar el éxito en sus profesiones. También se sabe que son creativos y dedicados, pero a veces pueden ser mandones y testarudos. Dar órdenes en lugar de recibirlas es un rasgo que se encuentra en estos individuos. Pero, en general, son encantadores y diplomáticos. Suelen ser personas interesantes.

Desafíos

El mayor desafío al que se enfrentan las personas con el camino de la vida número 1 es desarrollar un mayor sentido de la confianza en sí mismos. Pueden dar mucha importancia a los deseos, necesidades y opiniones de los demás. Es posible que se encuentren demasiado ocupados complaciendo a los demás en lugar de vivir la vida que desean. Desarrollar una voz propia puede ser un gran reto para ellos. A menudo pueden ser sobreprotectores y tener una personalidad dominante que puede dar lugar a disputas con otras personas. También pueden ser propensos a la soledad o a los problemas de ira. Sin embargo, con la práctica y la concentración, los uno pueden superar estos retos fácilmente. Deben recordar que incluso los más independientes necesitan el amor y el apoyo de sus amigos y familiares.

Número de la trayectoria vital 2

Rasgos

Los dos son conocidos por ser personas amantes del equilibrio que valoran las asociaciones y el amor. Son profundamente cariñosos, amables y empáticos. Conocidos por ser diplomáticos, las personas con el número 2 en su trayectoria vital son hábiles a la hora de calmar situaciones tensas. Su naturaleza diplomática también puede convertirlos en buenos políticos. Su sensibilidad emocional les hace ser armoniosos, ayudándoles a unir fuerzas opuestas mediante la amabilidad, la compasión y la empatía. Los dos pueden asumir fácilmente el papel de mediadores y sintonizar con los deseos de su corazón con facilidad. Predicar el bien y llevar una vida honesta es un rasgo conocido del número 2.

Desafíos

La profunda sensibilidad emocional puede dificultar que las personas con el número 2 en el camino de su vida defiendan sus necesidades. Puede resultarles difícil aprovechar esa sensibilidad y utilizarla para conectar con los demás. Su inclinación a evitar los conflictos puede hacerles demasiado dependientes en sus relaciones personales y profesionales. Además, su tendencia a centrarse en lo negativo puede hacer que se sientan desesperados y derrotados ante las críticas o las dificultades. Este miedo puede impedirles desarrollar su verdadero potencial, haciendo que se sientan infravalorados y poco apreciados. Deben adoptar una mentalidad positiva y evitar buscar la validación externa. Pueden superar los retos del camino vital número 2 dándose cuenta de que el tan necesario equilibrio ya existe en su interior.

Número de la trayectoria vital 3

Rasgos

El número 3 representa la creatividad y la socialización. Las personas con el número 3 en su trayectoria vital tienden a ser optimistas y divertidas. Les encanta comunicarse y ser el centro de atención. Su naturaleza alegre puede mantenerlos muy motivados y enérgicos. Pueden lograr grandes cosas si se alimenta el fuego de la positividad en su interior. Representan la autoexpresión y están dotados de una prodigiosa capacidad creativa. Ya sea en el arte, la oratoria o la escritura, los tres están destinados a compartir conceptos innovadores que motivan, inspiran y elevan a los demás. Las personas con el número 3 en su trayectoria vital encuentran una enorme alegría en hacer felices a los demás. Conocidos por ser ávidos socializadores, se les da muy bien interactuar con la gente, establecer contactos e incluso el romance. En resumen, son un imán social total.

Desafíos

Las personas con el número 3 en su trayectoria vital pueden tener dificultades para ser optimistas y realistas en los momentos difíciles. También les puede resultar difícil comprometerse o concentrarse en un proyecto que emprendan. La mayoría de las veces, tienden a abandonar sus tareas y a retraerse por completo. Puede que les moleste demasiado lo que los demás piensen de ellos. Sin embargo, los tres pueden mitigar fácilmente sus tendencias escapistas practicando la atención pacífica para reavivar su energía exuberante.

Número de la trayectoria vital 4

Rasgos

El número 4 representa la disciplina, la salud y la estructura. Los que tienen el número 4 en su trayectoria vital son personas fiables que se adhieren a sus principios y valores. Estos rasgos los convierten en compañeros de trabajo deseables y amigos valiosos. Están dotados de energía terrenal y tienen raíces fortificadas que les permiten cumplir las expectativas que los demás tienen de ellos. Son conocidos por ser trabajadores, prácticos y responsables. Los cuatro creen en la creación de patrones lógicos, sistemas o infraestructuras sólidas que puedan envasar el crecimiento.

Desafíos

Estos individuos son susceptibles a la rigidez y pueden obsesionarse demasiado con las normas y los reglamentos. Es posible que se sientan irritados por las personas que no siguen las órdenes o que rompen las reglas. También puede resultarles difícil equilibrar sus ambiciones con su necesidad de estabilidad. Si aprenden a ser menos estrictos con las reglas y las normas, los cuatro pueden sentirse liberados al encontrar el valor para asumir riesgos.

Número de la trayectoria vital 5

Rasgos

El número 5 resuena con la aventura y la curiosidad. Los cinco son intelectuales y aman el movimiento y el cambio. Son grandes educadores y periodistas, debido a su gran capacidad de comunicación. Suelen tener un espíritu libre y un sentido infantil de la curiosidad y el asombro. Son capaces de encontrar placer en las cosas más sencillas. Su amor por la libertad y el movimiento les impulsa a experimentar el mundo de la mejor manera posible. Tienden a aprender las lecciones de la vida a través de actos impulsivos pero valientes. Las personas con el número 5 en su trayectoria vital son conocidas por ser impulsivas, juguetonas y vivaces.

Desafíos

Los cincos pueden sentirse fácilmente atados, impacientes e inquietos debido a su impulso natural de descubrir cosas nuevas. Puede resultarles difícil aceptar sus compromisos interpersonales y sus responsabilidades profesionales. Para superar estos retos, las personas con la trayectoria vital número 5 deben recordar que los mayores descubrimientos y aventuras se encuentran en su patio trasero. Solo tienen que afinar su mirada.

Número de la trayectoria vital 6

Rasgos

El número 6 simboliza la familia y las responsabilidades. Conocidos por ser sanadores naturales, las personas con el número de la trayectoria vital 6 tienden a ser compasivos, empáticos, cuidadosos y solidarios. Su capacidad para resolver problemas, ya sean emocionales o físicos, les convierte en grandes terapeutas. Su naturaleza cariñosa, su enfoque amable y su fuerte sentido de la responsabilidad les permiten comunicarse fácilmente con amigos y familiares, especialmente con los niños o las mascotas. ¡Lo mejor de todo es que demuestran ternura en todo lo que hacen!

Desafíos

La energía protectora del número 6 puede hacer que sea un reto mantener la constancia. Esa energía puede convertirse rápidamente en controladora y dominante. Para evitar las tendencias sobreprotectoras, los seis deben volverse comprensivos y crear confianza con los demás.

Número de la trayectoria vital 7

Rasgos

El número 7 se asocia con la imaginación, la introspección y la investigación. Las personas con el número 7 como número de trayectoria vital tienen una gran capacidad de análisis, son detallistas y tienen una mirada aguda. Su mente les hace ser inventivos y rápidos. Conocidos por prosperar en su mundo interior, ¡los siete han sido bendecidos con la sabiduría y la creatividad que les permite aburrirse raramente y entretenerse sin cesar!

Desafíos

A los siete les puede resultar difícil hacer caso a su lado racional y lógico tanto como a su intuición y creatividad. Su atención a los detalles les hace ser perfeccionistas, lo que a menudo es decepcionante porque rápidamente encuentran fallos en cualquier sistema. Para que las cosas sigan siendo divertidas, los siete deben contrarrestar su escepticismo interior con una mente racional.

Número de la trayectoria vital 8

Rasgos

Las vibraciones del número 8 se asocian con el éxito, el dinero y la autoridad. Los ocho son bendecidos con autoridad y riqueza material. Tienen el fuego de la ambición ardiendo en su interior. Son conocidos por ser trabajadores y buenos con el dinero, lo que naturalmente les hace tener éxito financiero. La autosuficiencia y la comodidad son muy importantes para este número. Su naturaleza orientada a la consecución de objetivos, su amplitud de miras y su voluntad de llegar a la cima pueden ayudarles a asumir fácilmente funciones de liderazgo y a alcanzar un éxito extraordinario.

Desafíos

A las personas con el número ocho de la trayectoria vital les puede resultar difícil decidir cuándo tomar las riendas y cuándo delegar. Su habilidad con el dinero también puede hacerles propensos a los embaucadores y timadores. Sin embargo, la naturaleza autoritaria de este tipo a menudo les hace ignorar las críticas constructivas. Deben aprender a prestar atención a los consejos genuinos.

Número de la trayectoria vital 9

Rasgos

El número 9 representa la aceptación, la compasión y la comprensión. Los nueve valoran los principios y no están dispuestos a comprometerse por conveniencia. Pueden ser generosos, idealistas y elegantes. También conocidos como "almas viejas", los nueve tienen una conciencia espiritual natural que puede ayudar a los demás a tomar conciencia. No temen transformarse y pueden trascender el ámbito físico.

Desafíos

El camino de la vida número nueve presenta un riesgo de codependencia en las relaciones personales. Los nueve tienden a centrarse sobre todo en el futuro. Pueden tener problemas para anclarse a la realidad del presente. En otras palabras, deben esforzarse por equilibrar los sueños y la realidad.

Número Maestro 11

El número 11 de la trayectoria vital puede entenderse como una versión ampliada del número 2 de la trayectoria vital. Se cree que el número 11 está relacionado con la conciencia espiritual, la iluminación y los talentos filosóficos. A menudo, las personas con este número de trayectoria vital encuentran sus dones en circunstancias extremas.

Número Maestro 22

También conocido como el "maestro constructor", el número 22 potencia la energía del número 4. Al combinar lo creíble con lo increíble, el número maestro 22 puede cultivar plataformas dinámicas y crear un legado a largo plazo: el poder del número 22 alimenta pensamientos intuitivos e innovadores que le ayudan en su transformación.

Capítulo 8: Explore su número de personalidad

Su número de personalidad es uno de los números más importantes de la numerología. Forma una parte fundamental de la ciencia de la numerología, que le ayuda a reconocer cómo le perciben los demás y cómo su personalidad influye en los que le rodean. Estas percepciones pueden dar forma a sus acciones y planes para obtener los máximos beneficios en su carrera, vida amorosa, negocios o cualquier otra empresa.

Un número de personalidad es una herramienta importante, ya que la personalidad no es algo objetivo que se pueda señalar. Incluso si pregunta a sus amigos más cercanos, a los miembros de su familia o a sus compañeros de trabajo, obtendrá respuestas muy diferentes cada vez. Esto puede dificultar la comprensión de la verdadera naturaleza de su personalidad, que solo muestra una pequeña parte de dos personas diferentes. Sin embargo, al conocer su número de personalidad y sus rasgos asociados, puede esperar identificar las cualidades que le gustaría cultivar o los defectos que desea eliminar de su personalidad.

Veamos cómo puede calcular su propio número de personalidad en unos sencillos pasos y trabajar en la percepción que los demás tienen de usted. En primer lugar, escriba su nombre completo en un papel, ya que necesitamos las consonantes de su nombre para encontrar su número de personalidad. Después, necesitará una referencia a la tabla que se adjunta a continuación (disponible en línea de forma gratuita). A continuación, escriba el número correspondiente a cada consonante de su nombre.

1	2	3	4	5	6	7	8	9
	B	C	D		F	G	H	
J	K	L	M	N		P	Q	R
S	T		V	W	X	Y	Z	

Tomemos un nombre ficticio como JANE DOE. Para descubrir el número de personalidad de este nombre, miraremos la tabla anterior y escribiremos los dígitos correspondientes a cada consonante del nombre.

J	A	N	E	D	O	E
1	-	5	-	4	-	-

Ahora, simplemente sumamos todos estos dígitos para llegar a un solo uno, que en nuestro caso sería:

1+5+4 = 10 (de dos cifras, así que 1 + 0) = 1

Ahora que sabemos que el número de personalidad de Jane Doe es el 1, todo lo que tenemos que hacer es referirnos a la descripción del tipo de personalidad de cada número, que se da más adelante.

Sin embargo, antes de hacerlo, hay una cuestión persistente que atormenta la mente de cualquiera que sea nuevo en la numerología y no tenga ni idea de los números maestros o de cómo tratar la letra "Y". En realidad, es bastante sencillo una vez que se le coge el truco, así que vamos a averiguar a qué se debe todo este alboroto.

¿Qué pasa con la "Y"?

La letra Y es especial, ya que no es ni consonante ni vocal. Por eso, dependiendo de la situación, puede tratarse como una vocal o una consonante. Estas son las dos reglas que tiene que seguir para determinar si la Y de su nombre debe contarse como consonante:

- La Y como consonante fuerte: En este caso, la Y se considerará una consonante si se utiliza en su nombre en lugar de una consonante. Algunos ejemplos serían Toyota, Yuri, Yasmine, etc.

- La Y no suena como una vocal y se coloca cerca de una: Cuando la Y no hace un sonido vocálico y se coloca cerca de una vocal, se tratará como una consonante. Algunos ejemplos de esto serían Grayson, Murray, Murphy, etc.

Números maestros

En pocas palabras, los números maestros son números especiales con bonificaciones vinculadas a la personalidad de quienes los poseen. Los números maestros son el 11, el 22 y el 33. Puede que se pregunte por el 44 o incluso el 55, pero los únicos números incluidos en el triángulo de la iluminación son el 1, el 2 y el 3, por lo que las demás combinaciones de números no se consideran números maestros.

Los números maestros son muy raros, y considérese afortunado si tiene uno de ellos como número de la personalidad. Sin embargo, en estos números abundan los rasgos presentes en sus sumas e incluso en sus respectivas cifras individuales. Esto significa que si su número maestro es el 22, tendrá las cualidades de los números 22, 2 y 4 simultáneamente.

Significado de los números de la personalidad

Cada número de la personalidad tiene sus propios significados asociados y puede ayudarle a obtener información útil sobre su personalidad. En esta sección veremos los diferentes números y lo que podrían denotar en su personalidad si coincide con alguno de estos números de personalidad.

Número 1

Los uno son líderes naturales llenos de confianza y creatividad. Tienen facilidad para la gestión, para dirigir a los demás y para encontrar soluciones creativas. Son decididos, y esto, combinado con su intrepidez, les permite lograr cualquier cosa que se propongan.

Sin embargo, el problema de los uno es que también son dominantes y egoístas. Alejan a la gente debido a su fuerte personalidad, que intimida a muchos. Como resultado, los uno pueden llegar a tener exceso de confianza, lo que puede causar su caída combinada con su terquedad innata.

Los uno no son muy compasivos, pero lo compensan con un fuerte sentido de la lealtad. Son individuos independientes que creen en la necesidad de tomar partido por cualquier causa o asunto por el que crean que merece la pena luchar.

Los uno pueden convertirse en líderes excepcionales si mantienen su arrogancia y su ego bajo control. Esto hará que más personas confíen en ellos y los sigan. Los uno dirigirán con éxito a sus seguidores, gracias a los altos estándares que se imponen a sí mismos.

Número 2

Los número dos son quizás uno de los tipos de personalidad más atractivos. Es muy fácil hablar con ellos, son personas honestas pero amables, accesibles y dignas de confianza. Los dos son muy buenos amigos y sus cualidades hacen que los demás confíen en ellos.

Uno de los rasgos característicos de los dos es su actitud pacífica. No les gustan los conflictos y apaciguan cualquier situación que pueda agravarse. Su naturaleza gentil y diplomática les permite contar cualquier cosa que hayan hecho mal sin herir sus sentimientos.

A los dos les gusta guardar sus sentimientos para sí mismos, por lo que son tímidos y a veces se ponen de mal humor. A pesar de su carácter pacífico, pueden presentar una lucha feroz si es necesario. Los dos pueden volverse cínicos y pesimistas si están sometidos a mucho estrés.

En general, los dos son buenos en el mantenimiento de las relaciones y destacan por mantener vivo el romance. Además, la naturaleza filosófica y creativa de los dos hace que sean admirados al instante por otras personas.

Número 3

Mientras que los tres tienen una tendencia natural a ser extrovertidos, son muy buenos para interactuar con los demás. Los que tienen el número tres son muy intuitivos con las interacciones entre personas y la observación de su entorno.

Los números tres son expertos en entablar conversaciones y atraer a la gente hacia ellos utilizando su lengua de plata. Los tres saben cuándo es el momento adecuado para entablar una conversación y son muy oportunos en ese sentido. Son muy ambiciosos y tienen éxito en lo que se proponen. Los números tres suelen ser bastante atractivos para el sexo opuesto y a menudo están dotados de una belleza o un encanto extraordinarios.

Los tres a veces dan la impresión de ser manipuladores, aunque no tengan esa intención, y hay que tener cuidado con ello. Esto se debe a que tienden a inclinarse más hacia el lado materialista de las cosas y deben controlar esta naturaleza para dar la impresión de ser una pesona más equilibrada.

Número 4

Los números cuatro son una raza totalmente diferente. Con su enfoque gentil, cariñoso y pragmático hacia los demás, los cuatro son grandes compañeros y guías. Los cuatro son muy maduros desde una edad temprana y también son personas fiables. Por ello, son idóneos para llevar una vida familiar sana. No está de más que ellos mismos estén orientados a la familia.

Los cuatro buscan la estabilidad y elegirán siempre una vida estable y aburrida antes que la aventura y la libertad. Las personas con la personalidad número 4 son muy entregadas a lo que hacen, dando el cien por cien en todos los aspectos de su vida.

Sin embargo, esta búsqueda de la estabilidad y esta visión madura de la vida les hace parecer aburridos y sosos. A veces, los cuatro se ponen demasiado serios y les cuesta tomarse las cosas a la ligera. Esto también se refleja en su vestimenta, que no suele ser nada llamativa. En cambio, les gusta llevar ropa funcional y su sentido de la moda es muy sutil.

Número 5

Los números 5 creen que hay que vivir la vida al máximo y, para estar a la altura de esta norma, sienten un profundo amor por los viajes. Su lado aventurero solo se ve superado por su buen humor, que puede contagiar a los demás. Los cincos son grandes conversadores, ya que su espíritu de aventura, combinado con su mentalidad filosófica, les da una ventaja considerable.

Los cinco no se estresan si algo no les sale bien. Superan los obstáculos con facilidad y mantienen el buen humor mientras lo hacen. La mayor cualidad de los cinco es su adaptabilidad y versatilidad. No importa lo que la vida les depare, encuentran la manera de manejarlo de la mejor manera.

Los cinco son muy animados y les gusta disfrutar de las cosas que hacen que la vida merezca la pena. Pero si se exceden, pueden volverse fácilmente adictos a la comida, las drogas, el alcohol, el sexo u otras tentaciones peligrosas. Los cinco también son propensos a sobrecargarse más de lo que pueden manejar, lo que deben evitar a toda costa.

Número 6

Los seis tienen una personalidad muy equilibrada. Son compasivos, afectuosos y abnegados. Un número seis nunca se esforzará por herir los sentimientos de nadie y siempre está disponible para ayudar a quien lo necesite.

Son conocidos por guardar secretos, por lo que la gente los busca para aligerar su carga. Los seis suelen sacrificar sus propios sueños, esperanzas y lujos para ayudar a sus seres queridos a cumplir los suyos.

Los seis nunca juzgan a las personas precipitadamente. Pueden ver la belleza interior de la gente porque ellos mismos son muy bellos por dentro. Sin embargo, un número seis puede sentirse fácilmente herido si alguien dice o hace algo imprudente. Un número seis que se vuelve cínico a menudo se vuelve antipático y frío con los demás. Por eso deben mantener la guardia alta.

Los números seis también se preocupan innecesariamente por el dinero, y mantener sus hábitos de gasto bajo control les ayudará enormemente.

Número 7

Los del número siete son personas muy informadas y con una visión única de la vida. Para ellos, la búsqueda del conocimiento es lo más importante. Por lo tanto, son eruditos que se comportan con gracia y dignidad.

Los siete no dejan que las opiniones de los demás les afecten y se han condicionado para evitar las críticas duras. Los números siete son muy inteligentes y misteriosos, ya que les gusta ser reservados. Por eso son grandes poetas y escritores. No les importa si lo que escriben le gusta a la gente, ya que no lo hacen para ser apreciados.

Los siete no son en absoluto tímidos ni poco seguros de sí mismos. Al contrario, prefieren solazarse antes que perder el tiempo sin pensar en los grandes problemas de la vida. A menudo pueden parecer reservados y sin emociones, por lo que deben intentar relacionarse con los demás.

Número 8

Los ocho son una raza muy exitosa gracias a su autocontrol, confianza, juicio e instinto. Los ocho se adaptan mejor a los puestos de poder y buscan activamente posiciones en las que puedan liderar y ejercer influencia.

Los ocho se esfuerzan por conseguir riqueza y fama. La mayoría de las veces tienen éxito en estos esfuerzos. Sin embargo, su vida familiar se ve afectada por ello. Los ocho pueden ser dominantes y no conceder el mérito a quien lo merece, ya que creen que son los artífices de todos sus éxitos.

Dicho esto, los ocho atraen a muchas personas influyentes y poderosas dispuestas a ayudarles debido al carisma y la confianza que ejercen. Por otro lado, los ocho pueden ser un poco testarudos y les encanta presumir de su riqueza. Si un ocho puede superar estos problemas, su personalidad puede ser mucho más positiva.

Número 9

Los nueve son una feliz mezcla de aventura, confianza, sabiduría y atracción. Hay algo en ellos que no se puede identificar, pero que es extremadamente atractivo. A los nueve no les falta carisma ni elegancia y son adorados por casi todos los que conocen.

Sin embargo, los nueve no se hacen amigos de las personas que conocen de inmediato. También pueden parecer distantes o arrogantes si no se aseguran activamente de ello. La confianza en sí mismos es alta en los nueve, pero no para que se convierta en un exceso de confianza.

Los nueve aprecian las artes y las cosas buenas de la vida. Son amables y espirituales y tienen una inteligencia prematura, por lo que mucha gente se acerca a ellos para pedirles consejo. Los nueve deben mantenerse con los pies en la tierra, y caerán fácilmente bien a todo el mundo.

Número 11

Los del número once son de personalidad muy gentil y les gusta mantener la paz dondequiera que estén. Sin embargo, aunque son igualmente fuertes, les puede costar demostrarlo. Las luchas y los conflictos pueden tener un impacto muy negativo en el bienestar de los once, por lo que deben evitarse a toda costa.

Los once son muy compasivos y se preocupan por el bienestar de los demás tanto como por el suyo propio. Pueden dar la impresión de ser tímidos y de que se les subestima, pero los once no dudarán en brillar con su valor y fortaleza cuando se les dé la oportunidad.

Los once son también espirituales y saben mantener la compostura. A veces son vulnerables a las reacciones de las personas que pueden verlos como objetivos débiles, pero los once demuestran fácilmente que están equivocados cuando deben hacerlo.

Número 22

Los números 22 quieren provocar un cambio en el mundo, sobre todo para mejorar a todos los que les rodean. Son líderes compasivos y fiables que siguen encontrando nuevas formas de influir en el mundo para mejorarlo.

Son constantes, responsables y dedicados a su trabajo, lo que hace que quienes les rodean se sientan satisfechos, ya que los 22 no dejan piedra sin mover cuando se les asigna una tarea. También son líderes poderosos que se alimentan de la motivación de sus seguidores.

A veces, pueden verse envueltos en la duda, que es una de sus mayores debilidades. Los 22 pueden sentirse inseguros de sus capacidades, pero deben creer en sí mismos y comprender que su dedicación y su ética personal no son superadas por nadie.

Número 33

Los del número 33 son personas muy cariñosas a las que les gusta cuidar de los que les rodean. Suelen ser vistos como figuras paternales debido a su naturaleza servicial y amable. También son muy artísticos e inspiradores. De ahí que muchas personas los erijan como sus modelos de conducta.

Sin embargo, los 33 pueden preocuparse innecesariamente por cualquier cosa y también son vulnerables a las críticas o a los comentarios duros. No son muy buenos para juzgar el carácter de los demás y a veces se sienten traicionados por alguien a quien aprecian profundamente.

Los del número 33 tienden a implicarse en la vida de los demás para mejorarla. Sin embargo, esta cualidad puede hacer que se aprovechen de ellos debido a su naturaleza crédula.

Estas han sido algunas breves descripciones de cada tipo de personalidad, para que comprenda mejor cómo moldear su personalidad para evitar las trampas más comunes. Cada persona es única, por lo que puede haber puntos que no se apliquen a usted o algunos puntos que hayamos pasado por alto. Con estos puntos generales, aplicables casi universalmente, se consigue educarle sobre cómo identificar las percepciones comunes sobre usted.

Capítulo 9: Descubra el número de los deseos de su corazón

Mientras que los números asociados a su personalidad trabajan para revelar la percepción que otros podrían tener de usted o el objetivo que debería perseguir en la vida, el número del deseo de su corazón, también conocido como el número del impulso del alma, dicta cuáles son sus deseos más profundos. Este número le dice lo que realmente siente y desea, aunque no lo sepa.

La mayoría de las veces, elegimos no enfrentarnos a esta parte más oscura de nuestra personalidad de la que ni siquiera nos damos cuenta de que forma parte de nosotros. Sin embargo, al igual que cualquier otra persona, nosotros también tenemos nuestros propios deseos ocultos e instintos que nos gusta mantener como algo personal y oculto al mundo exterior.

El número del deseo del corazón revela sus motivos e intenciones en la vida. Conocer su número de deseo del corazón es importante para usted, ya que le mostrará las inclinaciones a las que está naturalmente predispuesto. Esto afecta en gran medida a su carrera, familia, vida amorosa e incluso al tipo de personas a las que se siente atraído. Pasarlo por alto es un grave error, ya que el número del deseo del corazón le proporciona un conocimiento mayor y más profundo de sí mismo.

¿Cómo encontrar el número del deseo de su corazón?

Encontrar el número del deseo de su corazón es similar al procedimiento empleado para todos los demás números, excepto con un cambio. No utilizaremos los valores de las consonantes, sino los de las vocales de nuestros nombres.

Hay una razón válida para ello, ya que las vocales se consideran los aspectos ocultos que proporcionan significado a cualquier palabra. Del mismo modo, el número del deseo del corazón es un aspecto oculto que influye enormemente en la vida de una persona.

Al contrario que las vocales, las consonantes son más tangibles y funcionan como un caparazón al que se asemeja su personalidad exterior. Por eso solo se utilizan las vocales para descubrir este número del impulso del alma, que es un número más profundo y perspicaz que influye en nuestras decisiones.

Por ejemplo, vamos a descubrir el número del deseo del corazón para el nombre de Snow White. Pero, primero, escribiremos todas las vocales de este nombre y luego las asociaremos con su respectivo valor, como se muestra en la siguiente tabla:

A	E	I	O	U	Y
1	5	9	6	3	7

Utilizando la tabla, podemos concluir que Snow White tiene estos valores:

S	N	O	W	W	H	I	T	E
-	-	6	-	-	-	9	-	5

Ahora podemos sumar todos los valores de las diferentes vocales del nombre:

6+9+5 = 20 (de dos cifras, así que 2 + 0) = 2

El número del deseo del corazón de la Sra. Snow White is 2. Ahora solo tenemos que relacionar este número con su descripción. Una vez que comprobemos las cualidades y trampas del número 2, descubriremos fácilmente los deseos, instintos y motivaciones de nuestra propia personalidad.

Sin embargo, antes de hacerlo, tenemos que entender cómo funciona Y en este caso. Las personas con una Y en sus nombres deben estar confundidas a la hora de calcular su número para el deseo de su corazón. Veamos cómo superar este inconvenientee.

¿Cómo considerar una "Y" en un nombre?

Podemos ahondar en este tema y complicarlo innecesariamente, o podemos utilizar la regla de oro de la fonética a nuestro favor. La segunda opción es mejor, ya que suele ser correcta y facilita las cosas.

Si la Y de su nombre suena como una vocal, entonces es una vocal. En caso contrario, se tratará como cualquier otra consonante. Por ejemplo, en el nombre "Murray", la Y no suena como una vocal, como ocurre en "Audrey". Si la Y de su nombre suena como una vocal, entonces asígnele el valor 7 y pase al siguiente paso.

Interpretaciones del número del deseo del corazón

Después de completar los pasos anteriores, usted puede llegar a su número de deseo del corazón. Ahora bien, este número es virtual si no tiene idea de lo que representa. Por lo tanto, profundicemos en lo que significan los diferentes números y qué aspectos de su ser interior son revelados por cada número del deseo del corazón.

Número 1

Es una persona independiente y su deseo de liderar es abrumador. No le gusta recibir órdenes y disfruta enormemente de una posición desafiante para dirigir a otras personas. Además, usted es extremadamente inteligente, lo que hace que los demás quieran seguirle y pedirle orientación.

A veces puede llegar a confiar demasiado en sus capacidades y actuar con arrogancia. Esto es algo que no le gusta a la gente que le rodea. Sin embargo, si puede superar este defecto en su actitud, puede convertirse en un líder al que todos siguen de buen grado.

Su deseo de independencia significa que asume la responsabilidad de sus acciones y cree que debe forjar su propio camino en la vida, sin seguir las reglas de los demás. Su ambición y buen juicio le ayudarán a lo largo del camino apoyando sus decisiones audaces, que pueden ser bastante atrevidas.

Número 2

Es una persona cariñosa y atenta por naturaleza a la que le gusta mantener una sensación de armonía en su vida. Su actitud pacífica es lo que le motiva a actuar como pacificador en situaciones tensas. Busca el equilibrio en todo lo que hace.

Como sus emociones son las que le impulsan, se enamora fácilmente. Su intuición le ayuda a tratar con la gente de forma personal, por lo que destaca en la persuasión. Como sus emociones le dominan, las lágrimas pueden rodar fácilmente por sus ojos, y a veces se vuelve vulnerable, lo que podría ser utilizado en su contra.

Le falta confianza en sí mismo y tiende a huir de la confrontación. Sin embargo, si puede manejar este problema de falta de confianza y controlar sus emociones, puede triunfar fácilmente en la vida gracias a su sentido de la diplomacia y el compromiso.

Número 3

Es el alma de cualquier fiesta o conversación. La gente se siente naturalmente atraída por usted debido a sus impresionantes habilidades de comunicación. Además, es muy creativo y artístico, lo que también se refleja en sus habilidades interpersonales.

Los mejores caminos profesionales para usted son aquellos en los que puede expresar libremente su creatividad. Ser poeta, escritor, músico o actor es su destino. Además, es una persona equilibrada mental y emocionalmente, lo que le hace muy resistente a cualquier golpe que la vida le depare.

Es optimista, a veces en exceso, incluso ignorando los problemas que le acechan. También es propenso a hablar en exceso cuando está bajo presión o estresado. A menudo pierde la concentración en una sola cosa, pero tiene muchas posibilidades de éxito si consigue mitigar estos pequeños problemas.

Número 4

Le gusta el orden y se esfuerza por organizar todos los aspectos de su vida. Es una persona puntual, dedicada, fiable y digna de confianza. Todas estas cualidades aseguran que será un buen empleado y un gran progenitor.

Le gusta establecer rutinas y no soporta los cambios bruscos en su vida diaria. Para usted, la vida no se vuelve aburrida una vez que se establece una rutina regular. Le gusta la seguridad y la comodidad de un horario, y su vida gira principalmente en torno a su trabajo. Pero si no tiene cuidado, puede acabar descuidando su vida familiar y social.

Evita correr riesgos debido a su naturaleza estable, y a veces parece que es dominante. Sin embargo, sus intenciones son siempre buenas y solo quiere demostrar su afecto a través de sus acciones. Si consigue controlar mejor sus emociones y expresarlas más abiertamente, los demás serán más receptivos con usted.

Número 5

Es un espíritu libre al que no le gusta estar atado de ninguna manera. Su amor por la exploración surge de su deseo de experimentar todo lo que la vida le ofrece. Conocer gente nueva, visitar nuevos lugares y embarcarse en emocionantes aventuras le entusiasma al máximo.

Puede resultar excepcionalmente inspirador para los demás gracias a su capacidad de conversación y a su agudo intelecto. Sin embargo, su amor por la exploración le impide establecerse en un lugar o en una relación. A menudo le preocupa que le retengan si se compromete con alguien. Por eso, es posible que comience a buscar una salida en cuanto las cosas se pongan serias.

También es adaptable y versátil, lo que significa que puede adaptarse fácilmente a nuevos entornos o personas. Pero es impaciente y tiene tendencia a no ver las cosas claras. Por eso debería tener cuidado a la hora de elegir lo que quiere seguir, ya que una carrera que le apasione de verdad será la más adecuada. Es posible que desee buscar acuerdos como trabajar por cuenta propia, trabajar a distancia y cualquier otra opción que le garantice libertad y flexibilidad.

Número 6

Tal vez tenga la actitud más cariñosa y leal hacia los demás, que es una de sus principales fortalezas. Sacrifica su comodidad para que sus seres queridos no tengan que pasar por ninguna incomodidad. El amor y los cuidados que brinda a los demás también son recíprocos, ya que ellos aprecian profundamente su devoción y su carácter desinteresado.

Es usted muy devoto de la vida familiar e invierte mucho tiempo y cuidado para que esta funcione. Sin embargo, el carácter sobreprotector que puede mostrar hacia sus hijos puede entorpecer su crecimiento personal, ya que siempre evitará que aprendan las lecciones por las malas.

También puede asfixiar a los que le rodean al interferir constantemente en sus vidas. Aunque sus intenciones sean puras y sus acciones provengan de la buena fe, podría volverse demasiado autoritario. Si puede controlar el impulso de ayudar a todo el mundo, entonces estará mucho mejor y tendrá éxito en sus esfuerzos.

Número 7

Es un erudito de corazón al que le gusta reflexionar y descifrar los misterios del universo. Puede que sea reservado y se mantenga al margen la mayor parte del tiempo, lo que le permite dedicar más tiempo a analizar temas que escapan a su comprensión.

Tiene una sed insaciable de conocimiento y nunca es suficiente para usted, por mucho que aprenda. Necesita interactuar más con la gente y mostrar sus vulnerabilidades para ser más accesible. Si puede adaptarse a nuevas situaciones e interesarse por la vida de los demás, su personalidad será más completa y agradable.

Número 8

Vive y respira con un único propósito, el de lograr el éxito en su vida. Lo hace porque desea que el poder, el prestigio y la estabilidad financiera estén a su disposición. Esto no es del todo malo, pero puede llegar a ser excesivamente materialista, egocéntrico y dominante sobre los demás.

Tiene una capacidad de liderazgo excepcional y motiva a los demás para que den lo mejor de sí mismos. También puede destacar en puestos de dirección y administración, pero a menudo pasa por alto los casos en los que necesitaría la ayuda de otra persona. Si consigue estar más atento y ser más autosuficiente, su rendimiento aumentará considerablemente.

Sus emociones siempre están bajo control y nada puede perturbarle, pero esto se convierte en un inconveniente cuando da la impresión de ser demasiado obstinado y carente de emociones.

Número 9

Es usted un verdadero humanitario que desea ponerse al servicio de la humanidad. A menudo es demasiado idealista para su propio bien, y quiere liberar al mundo de sus sufrimientos y penas. Es un alma amable y compasiva que cree que no hay mayor vocación que el servicio a los demás.

Tiene grandes ideales, pero también es ingenuo y no sabe juzgar bien el carácter de los demás. Este defecto de juicio puede afectarle negativamente y hacer que la gente le hiera y le traicione.

Debe encontrar un equilibrio entre el servicio a los demás y su propia comodidad, ya que ambos son igualmente importantes. Si puede controlar sus emociones y desprenderse de las cosas, su vida resultará mucho más fácil a largo plazo.

Número 11

Es un visionario que ve el mundo de manera utópica. Es idealista y prefiere vivir su vida de esta manera a pesar de los desafíos. Su definición de lo que está bien y lo que está mal está sólidamente anclada en su mente, lo que puede llevar a conflictos no deseados con los demás. Y como el conflicto va en contra de su naturaleza, esto puede desmotivarle rápidamente.

Es probable que haya nacido en la pobreza y en condiciones desfavorables, como es habitual en los 11. Pero esta parte de su educación le enseñó valiosas lecciones y le hizo más fuerte. Es una persona muy espiritual a la que le gusta pensar mucho, tratando constantemente de dar sentido a su vida, al mundo y a los demás.

Si puede aprender a controlar sus emociones y aceptar las opiniones de los demás, le resultará mucho más fácil mantener la armonía que busca.

Número 22

Es un individuo creativo e inteligente que quiere dejar su huella en el mundo. Es usted un visionario adelantado a su tiempo y siente la necesidad de ser el mejor en todo lo que hace.

Es innegable que tiene una gran fuerza escondida en su interior. Combinada con una fuerte ambición e ideas, esto le ayudará a cumplir sus sueños.

Puede intentar ser menos dominante y más gentil en su enfoque. Sin embargo, es posible que también se ponga tenso debido a que piensa demasiado, y le ayudaría intentar no controlar todos los aspectos de su vida.

Número 33

Es una persona orientada a la familia cuyo deseo es una vida familiar feliz y saludable. También desea estar al servicio de los demás, ya que está lleno de compasión. Se sentirá satisfecho si logra compaginar su carrera con su deseo de ayudar a los necesitados. Algunas opciones profesionales posibles para usted son el servicio social, la medicina, la psiquiatría o una profesión similar que le permita interactuar con las personas y mejorar su salud y bienestar.

Es leal y cariñoso, lo que le convierte en un excelente compañero en las relaciones románticas. Su pasión y sus emociones suelen conmover a los demás, y la gente se siente inclinada a entregarle grandes responsabilidades que tal vez usted no desee.

Si asume sus responsabilidades y lidera a los demás, se asegurará de traer el cambio al mundo que siempre ha deseado. Si huye de las funciones de liderazgo, es posible que nunca aporte un cambio concreto.

Estas son las cualidades asociadas a cada número del deseo de su corazón. Si ha determinado cuidadosamente su número, seguramente no es consciente de las cualidades que se esconden en su interior.

Todos tenemos múltiples cualidades y asuntos incrustados en nuestro interior. A veces, ni siquiera nosotros somos conscientes de nuestras propias fortalezas y debilidades. Al saber qué aspectos de nuestra personalidad debemos trabajar, podemos resolver activamente esos problemas.

Este capítulo se ha diseñado para que no pierdas la oportunidad de mejorar y perfeccionar las partes ocultas de su personalidad. Después de todo, no puede cumplir con su destino a menos que conozca plenamente su propio ser.

Tercera parte: Cómo el tarot se une a la astrología y la numerología

Capítulo 10: ¿Qué es el tarot?

Las cartas del tarot están de moda en el campo de la astrología y la numerología. Procedente de la palabra "trionfi" (más tarde conocida como "tarock" o "tarocchi"), el tarot es un conjunto de cartas que se utiliza desde el siglo XV en Europa. Hoy en día, la gente utiliza las cartas del tarot para profundizar en la comprensión de la persona y proporcionarle sabiduría y verdad. De hecho, es una herramienta sencilla para aprender más sobre la vida, la personalidad y los logros de cada individuo.

Antecedentes culturales e históricos del tarot

Como se ha mencionado, las cartas del tarot se utilizaron por primera vez en algunas zonas de Europa a mediados del siglo XV por los italianos, austriacos y franceses. Las cartas del tarot fueron utilizadas originalmente como cartas de juego por las familias ricas en Italia, ya que eran en su mayoría pintadas a mano y extremadamente caras. Mientras algunos disfrutaban jugando, otros en cambio se rebelaban debido a la naturaleza tóxica del juego. Sin embargo, no fue hasta finales del siglo XVIII cuando las cartas del tarot se utilizaron con fines espirituales y de divinidad. El francés

Jean-Baptiste Alliette publicó una guía de lectura de las cartas del tarot para aprovechar la naturaleza intuitiva de cada uno. Las apoyaba en la astronomía y en las enseñanzas de Toth, el dios egipcio de la sabiduría. A partir de 1909, las cartas fueron ilustradas y desarrolladas en varias versiones desde entonces.

¿Cómo funcionan las cartas del tarot y cómo se pueden utilizar?

Cada carta del tarot tiene su propio peso y significado. Cada simbolismo o imagen describe una lección espiritual y denota un significado diferente. Una baraja de tarot se compone de 78 cartas: 22 de ellas son arcanos mayores y 56 son arcanos menores. Al echar una carta del tarot, puede dar rienda suelta a su historia oculta. Se cree que las cartas del tarot actúan como un espejo del alma de cada uno y representan la historia de su vida. Por lo tanto, cuando elige y sostiene una carta en su mano, puede reflejarse en lo más profundo de su subconsciente y cosechar valiosos conocimientos sobre su vida.

Mientras que las cartas de los arcanos mayores representan el panorama general, las cartas de los arcanos menores pueden revelar detalles de la vida cotidiana. Para utilizar las cartas del tarot para la lectura, baraje la baraja y córtela por la mitad. Para los principiantes, lo mejor es empezar con una lectura de una sola tirada. En primer lugar, elija una carta y póngala boca abajo. A continuación, consulte la representación de las cartas del tarot para saber qué significan. Con el tiempo, puede practicar diferentes tiradas (colocación de las cartas en patrones específicos) y leer su fortuna o sus lecciones de vida. Tenga en cuenta que todas las cartas se pueden invertir (ponerlas al revés), lo que simboliza lo contrario de los significados reales de los que hablaremos más adelante.

Cartas de los arcanos mayores

Las cartas de los arcanos mayores enseñan espiritualidad y transmiten lecciones basadas en el karma y la eternidad. El conjunto de 22 cartas representa la vida de una persona y las diferentes fases por las que es probable que pase. La guía, las lecciones y las perspectivas que ofrecen estas cartas pueden ayudar a una persona a alcanzar una mejor conciencia y a vivir una vida más gratificante. Con estas 22 cartas se puede desentrañar el panorama general. Echemos un breve vistazo a las cartas de los arcanos mayores en el tarot.

Carta 0: El Loco

Mantra: Nuevos comienzos, un salto de fe y un cambio de rumbo

Elemento: Aire

Planeta: Urano

Chakra: Corona

Significado: Entre todos los arquetipos del conjunto del tarot, la carta del Loco es extremadamente vulnerable debido a su falta de experiencia y a su incapacidad para distinguir el bien del mal. No ha pasado por los altibajos de la vida, lo que le impide descifrar sus puntos fuertes, sus debilidades y sus retos futuros.

Carta 1: El Mago

Mantra: Habilidad, recursos y poder

Elemento: Aire

Planeta: Mercurio

Chakra: Garganta

Significado: Esta carta representa la singularidad y le recuerda sus talentos. Las habilidades que posee son raras, y no todo el mundo ha sido bendecido con sus mismos talentos. Esto le ayudará a distinguirse de los demás y le guiará por un camino de éxito. Esta carta muestra que puede superar la adversidad, y le dice que debe avanzar en la vida con sus habilidades.

Carta 2: La Suma Sacerdotisa

Significado o mantra: Conocimiento sagrado, sabiduría superior e intuición

Elemento: Agua

Planeta: Luna

Chakra: Tercer ojo

Significado: Entre todas las cartas, la Suma Sacerdotisa representa una fuerte intuición y conciencia. Si elige esta carta, debe escuchar sus instintos y seguir su voz interior. Su mente puede lograr cualquier cosa y puede buscar respuestas incluso a las preguntas más difíciles. Todo lo que tiene que hacer es mirar en su interior en lugar de centrarse en el mundo exterior.

Carta 3: La Emperatriz

Mantra: Feminidad, crianza, belleza, abundancia y fertilidad

Elemento: Tierra

Planeta: Venus

Chakra: Corazón y sacro

Significado: Simbolizando la feminidad y la belleza, la carta de la Emperatriz insinúa la compasión en su vida. Sus profundas raíces con la Madre Naturaleza le motivan a absorber las energías positivas que le rodean.

Carta 4: El Emperador

Mantra: Asentamiento, autoridad y figura paterna

Elemento: Fuego

Planeta: Marte/Aries

Chakra: Raíz

Significado: El estatus de autoridad del Emperador solo se alcanza después de haber pasado por dificultades. Cualidades como la solidez, la estructura y el poder están representadas de forma innata por esta carta, que le habla de su propia fuerza. Le anima a desentrañar su propia fuerza interior y a establecer un poderoso legado.

Carta 5: El Hierofante

Mantra: Creencias religiosas, sabiduría espiritual e identidad grupal

Elemento: Tierra

Planeta: Venus/Tauro

Chakra: Garganta

Significado: Como mensajero de los cielos, la carta del Hierofante significa las creencias religiosas y espirituales y guía a las personas hacia la iluminación. Al sacar esta carta, es necesario que explore las diferentes formas de lecciones espirituales que encuentre y dé forma a su situación actual para esperar el mejor resultado. En otras palabras, preste atención a las reglas para lograr los mejores resultados.

Carta 6: Los Enamorados

Mantra: Armonía, amor, relaciones, vínculos y uniones

Elemento: Aire

Planeta: Mercurio/Géminis

Chakra: Corazón

Significado: Esta carta representa las relaciones y los vínculos estrechos en su vida. Si sale esta carta durante la sesión de lectura, es posible que deba centrarse más en su vida amorosa y tratar de fortalecer sus vínculos. Esta carta también representa sus decisiones y valores, por lo que también deberá centrarse en estos dos aspectos. Cuando se encuentre en una encrucijada en la vida, debe considerar todas las opciones que se le presentan y decidir después de reflexionar sobre las consecuencias.

Carta 7: El Carro

Mantra: Victoria, éxito, control, impulso y afirmación

Elemento: Agua

Planeta: Luna/Cáncer

Chakra: Garganta

Significado: La carta del Carro simboliza la determinación, el ímpetu en la vida y el impulso natural e indica el éxito o la victoria próximamente. Una vez que aprenda a explorar el poder de su espíritu y su corazón y lo combine con sus habilidades mentales, será imparable en la consecución de todos sus objetivos. Sin embargo, también necesita el vigor para emprender el viaje y triunfar al final.

Carta 8: La Fuerza

Mantra: Autocontrol, valor, fuerza, compasión e impacto
Elemento: Fuego
Planeta: Sol/Leo
Chakra: Plexo Solar

Significado: Como el nombre sugiere, esta carta representa la fuerza y el coraje que probablemente están ocultos y necesitan ser desvelados. Esta carta representa el valor y la fortaleza de su corazón. Si es fuerte, puede lograr todo lo que desea y resistir la adversidad por sí solo. Cuando se encuentre en una situación intensa, su poder le ayudará a mover montañas y a salir más fuerte que nunca.

Carta 9: El Ermitaño

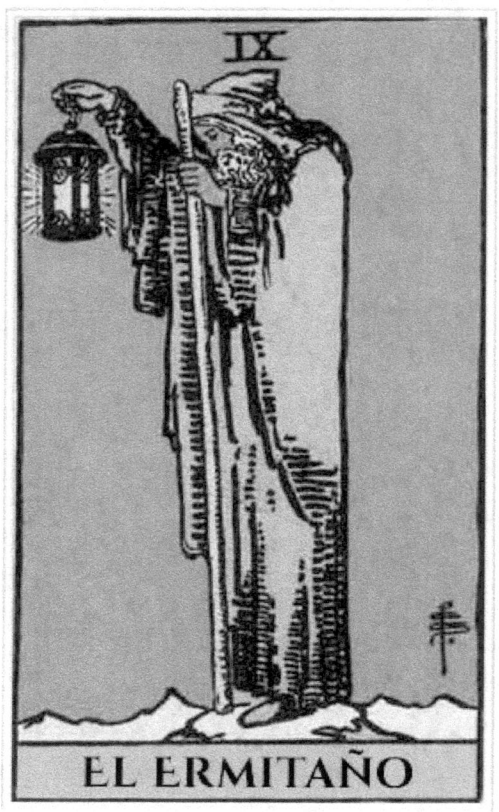

Mantra: Soledad, búsqueda del alma, guía interior e introspección

Elemento: Tierra

Planeta: Quirón/Virgo

Chakra: Tercer ojo

Significado: Cuando se enfrenta a una situación extrema, debe ser paciente y escuchar su voz interior permaneciendo en silencio. Dado que el Ermitaño prefiere vivir solo, es importante retirarse del caos del mundo exterior y resolver su vida en soledad. Esto le permitirá anticiparse a cualquier consecuencia negativa en su vida.

Carta 10: La Rueda de la Fortuna

Mantra: El giro de un ciclo, el karma, el destino y la buena suerte

Elemento: Fuego

Planeta: Júpiter

Chakra: Plexo solar

Significado: La vida es un paseo imprevisible. A veces se mantendrá en la cima, pero algunas situaciones pueden hacer que se hunda. Este es el significado de la vida. Nada es permanente y las consecuencias pueden cambiar con el tiempo. No hay nada demasiado bueno o malo. Si actualmente está en la parte inferior, pronto experimentará las mejores cosas de la vida. Pero si está en la cima, la vida puede empujarle hacia abajo sin previo aviso. Por lo tanto, sea humilde y esté dispuesto a aprender del proceso.

Carta 11: Justicia

Mantra: Causa y efecto, equidad, justicia, ley y verdad

Elemento: Aire

Planeta: Venus/Libra

Chakra: Corazón

Significado: Esta carta declara que el karma es real, lo que significa que cada acción tendrá una reacción. La justicia es justa para todos y no discrimina. Las decisiones que tomó en el pasado pueden afectar a su vida actual, y sus acciones presentes determinan su estado actual. Al recibir esta carta durante su sesión de lectura, observe que su intuición apunta a una interacción justa y a restablecer sus acciones con los demás. No es demasiado tarde para hacer un cambio significativo.

Carta 12: El Ahorcado

Mantra: Suspensión, entrega, nuevas perspectivas y pausa

Elemento: Agua

Planeta: Neptuno

Chakra: Tercer ojo

Significado: A veces, es mejor dejar ir para beneficiarse a largo plazo. Aunque los pequeños sacrificios le molesten en el momento, agradecerá haberlos realizado. Si su vida no va según lo previsto y elige la carta del Ahorcado, debe dar un paso para darle la vuelta. Sin embargo, no saber por dónde empezar puede frenarle desde el principio. La clave está en soltar la situación para liberarse y evitar volver a encariñarse.

Carta 13: Muerte

Mantra: Comienzos, transformaciones, cambios, finales y transiciones

Elemento: Agua

Planeta: Plutón/Escorpio

Chakra: Corazón

Significado: Esta carta representa el final de una fase de la vida y el comienzo de una nueva. La mayoría de las personas malinterpretan esta carta, ya que suponen que se refiere a la muerte física, lo cual es totalmente erróneo. Si se aferra a viejas relaciones, situaciones, sentimientos y emociones, no dejará espacio para que lleguen cosas nuevas y mejores a su vida. Haga las paces con el hecho de que cada final tendrá un merecido nuevo comienzo.

Carta 14: La Templanza

Mantra: Curación, equilibrio, propósito, moderación y paciencia

Elemento: Fuego

Planeta: Júpiter/Sagitario

Chakra: Plexo Solar

Significado: No fuerce los cambios en su vida, sino que dé tiempo a que se desarrollen en sus propias formas misteriosas. Debe dominar el arte de la moderación y ser paciente al mismo tiempo. Déjese llevar por la corriente y mantenga la paz en el camino. Acepte las cosas, las ideas y las personas que llegan a su vida y dé la bienvenida al cambio. Condiciónese para permanecer flexible y adaptarse a las nuevas situaciones.

Carta 15: El Diablo

Mantra: Restricción, esclavitud, apego, adicción y sexualidad

Elemento: Tierra

Planeta: Saturno/Capricornio

Chakra: Raíz

Significado: Si usted escoge la carta del Diablo durante su lectura, es posible que se sienta atascado. El miedo y la impotencia se suman a este sentimiento caótico. Su vida futura también puede parecer insípida debido a la falta de oportunidades y a la falta de voluntad para explorar sus talentos internos. Esto también puede limitarle a la hora de avanzar y explorar nuevas situaciones debido a su escaso entusiasmo o confianza en sí mismo. Aunque tiene la llave para abrir nuevas puertas, la incapacidad o falta de voluntad para hacerlo puede hacerle retroceder enormemente.

Carta 16: La Torre

Mantra: Cambio repentino, caos, despertar, revelación y agitación

Elemento: Fuego

Planeta: Marte

Chakra: Corona

Significado: Esta carta representa la destrucción y es temida por todos. Muestra la miseria de una persona y el fenómeno de su vida que se desmorona. La persona también está indefensa y no puede controlar la situación. La Torre le dice que deje caer todo para construir algo nuevo. A veces, lo único que puede hacer la persona es dejar que las partes débiles se derrumben y empezar de nuevo. Esta fase de reconstrucción durará más tiempo y se mantendrá con más fuerza.

Carta 17: La Estrella

Mantra: Guía espiritual, esperanza, propósito, fe, espiritualidad y renovación

Elemento: Aire

Planeta: Urano/Acuario

Chakra: Corona

Significado: Esta carta simboliza la esperanza y el optimismo. Muestra cómo el universo está reuniendo toda su energía positiva para insuflar un buen cambio en su vida. También le dice que debe mantener la fe y dejar que el universo haga su trabajo.

Carta 18: La Luna

Mantra: Misterio, ilusión, sueños, intuición, miedo y ansiedad

Elemento: Agua

Planeta: Neptuno/Piscis

Chakra: Tercer ojo

Significado: La Luna representa el subconsciente que lleva todos sus pensamientos, miedos, emociones y dudas. Una persona que saque la carta de la Luna en su lectura es probable que se sienta ansiosa todo el tiempo, lo que puede entorpecer su progreso y rendimiento. Permiten que sus miedos y dudas se apoderen de ellos. Todo lo que ven o escuchan puede no ser cierto, pero si se centran en lo positivo, pueden eliminar sus miedos y dudas.

Carta 19: El Sol

Mantra: Vitalidad, juventud, éxito, calidez, positividad y diversión

Elemento: Fuego

Planeta: Sol

Chakra: Plexo solar

Significado: Esta carta representa la positividad y la vitalidad en su vida, lo que significa que las cosas van bien en este momento. Sus pensamientos, sentimientos y camino están bien alineados y apuntan en una dirección obvia. Está rodeado de gente y cosas buenas, por lo que debe estar agradecido.

Carta 20: El Juicio

Mantra: Llamado interior, renacimiento y absolución

Elemento: Fuego

Planeta: Plutón

Chakra: Corona

Significado: La carta del Juicio representa su vida determinada por sus acciones pasadas y refleja el futuro. Le indica que revise su progreso y vea si se alinea o no con sus objetivos futuros. Entonces, reflexione sobre sus acciones para alcanzar sus sueños. Su futuro puede cambiar si maneja bien el presente. Por lo tanto, hágalo favorable y apreciable.

Carta 21: El Mundo

Mantra: Realización, finalización, integración y viaje

Elemento: Tierra

Planeta: Saturno

Chakra: Raíz

Significado: Como última carta de esta serie, la carta del Mundo representa el cumplimiento y la finalización de sus objetivos finales. Significa que está exactamente donde se supone que debe estar en la vida. Sus experiencias y lecciones pasadas le han enseñado bien, y está totalmente preparado para entrar en la siguiente fase de su vida.

Cartas de los arcanos menores

Las cartas de los arcanos menores representan historias y experiencias de la vida cotidiana basadas en tribulaciones y pruebas.

La estructura principal de los arcanos menores comprende cuatro palos, concretamente bastos, pentáculos, espadas y copas. Además, se dividen en números del 1 (as) al 10, incluyendo sotas, caballeros, reinas y reye.

Bastos: El palo de bastos representa su pasión, motivación y energía. Sus ideas, su estado espiritual y el propósito de su vida pueden ser desentrañados eligiendo este palo durante su sesión de lectura de cartas del tarot.

Pentáculos: Este palo representa sus posesiones materiales y sus finanzas. El palo de los pentáculos puede ayudarle a obtener una mejor visión de su carrera profesional, su riqueza y sus oportunidades futuras.

Espadas: El palo de espadas representa sus acciones, pensamientos y palabras. La forma en que toma decisiones, comunica sus ideas y habla de su propósito en la vida, todo ello entra en este palo. Le enseña a afirmar su poder, a poner las cosas a su favor y a comunicar sus pensamientos abiertamente.

Copas: Este cuarto y último palo representa la creatividad, la intuición y las emociones. Si se enfrenta a problemas emocionales de cualquier tipo con sus allegados, es probable que obtenga este palo durante su lectura del tarot.

Como hemos visto, las lecturas del tarot pueden revelar mucho sobre su pasado, presente y futuro. Mientras que las cartas de los arcanos mayores están relacionadas principalmente con asuntos espirituales, las cartas de los arcanos menores transmiten aspectos como su carrera, negocios y ambiciones. Los palos que escoja pueden ayudarle a entender varias áreas de su vida.

Capítulo 11: Los signos de fuego y sus cartas del tarot

La conexión astrológica con las cartas del tarot se puede establecer a partir de la "Orden Hermética de la Aurora Dorada", que se remonta a varios siglos atrás. Aunque las estructuras básicas de aprendizaje de la astrología se definieron hace siglos, siguen intactas y sirven de base para la adivinación. Sin embargo, las cartas del tarot fueron revisadas durante el período del Renacimiento, lo que puede no proporcionar una ventaja suficiente. Sin embargo, dado que los mismos aprendizajes astrológicos se utilizaron para reimaginar las cartas del tarot durante el siglo XVIII, podemos establecer paralelismos entre ambos ámbitos. Esto demuestra que la conexión entre los signos del zodiaco y las cartas del tarot es fuerte y persuasiva.

Los signos de fuego (Aries, Leo y Sagitario) están intrínsecamente conectados con las cartas de los arcanos mayores y menores. Las cartas de los arcanos mayores están asociadas con la disposición de los planetas y las lecturas astrológicas relacionadas. Además, se desglosan y se colocan como una agrupación elemental conocida como el grupo de los arcanos menores. Esto muestra la conexión de los grupos de arcanos mayores y menores con los signos del zodiaco. Se desarrollan en armonía y comparten la misma energía, que resuena bien con su personalidad y su educación.

En este capítulo, exploraremos los signos de fuego y su asociación con las respectivas cartas del tarot.

Signos de fuego

Los signos de fuego representan el calor, el brillo y la luz. Necesitan luz y calor para sobrevivir y hacer la vida más interesante y emocionante. Los signos de fuego también son vitales y viven al máximo, difundiendo la alegría a su alrededor. La mayoría anhelan la atención, pero no la aceptan. Algunos incluso lo hacen sin darse cuenta. A pesar de ello, siempre hacen que la vida de las personas sea mejor y más alegre. Esto se debe a que son extrovertidos y saben que su brillante presencia puede alegrar el día a alguien. Los signos de fuego defienden la expresión "encender la llama de alguien".

Los signos de fuego y el palo de bastos

El palo de bastos representa cualidades como la fuerza de voluntad, la acción y la creatividad. Los bastos del tarot se asocian a los signos de fuego. Esta carta de los arcanos menores está estrechamente relacionada con los tres signos del zodiaco en cuanto a atributos como la fuerza, la intuición, la determinación, la energía, la creatividad, la expansión y la ambición. Como los signos de fuego están llenos de luz y salvajismo, el palo de bastos se ajusta a los signos del zodiaco. También son calientes, enérgicos, imprevisibles y salvajes. La forma en que este palo representa su vida y sus lecciones de vida depende de cómo aproveche las cualidades del signo de fuego. Por ejemplo, al igual que utilizar el fuego para cocinar puede ser una tarea productiva y creativa, el uso excesivo puede hacer que la comida se queme. Del mismo modo, la forma en que use sus cualidades determinará si sobresale en la vida.

Las cualidades que muestra el palo de bastos (correspondiente a los signos de fuego) son el entusiasmo, la personalidad y la energía personal interna y externa. Por otro lado, algunas cualidades negativas son la impulsividad, el ego, la ilusión y la falta de propósito. Así, aunque los signos de fuego están estrechamente relacionados, tienen sus propias características que los diferencian. Por ello, cada uno de los tres signos del zodiaco expresa sus rasgos de forma peculiar.

Aries (21 marzo - 19 abril)

El rasgo más destacado de este signo del zodiaco es su capacidad de liderazgo unida a su personalidad orientada a la acción. Este signo del zodiaco está asociado con el carnero, que es ambicioso y audaz.

Rasgos de personalidad de Aries

Este signo de fuego impulsa a Aries a ser entusiasta y a buscar nuevas actividades en su vida con los demás a su alrededor. Sin embargo, puede ser víctima de un fuerte ego y a menudo muestra signos de obsesión por sí mismo. Pero independientemente de los retos que se presenten, Aries se lanzará de lleno y superará todas las amenazas para salir victorioso. Combinado con su fuerza de voluntad y motivación, su pasión les permite sobresalir en todo lo que hacen, lo que puede atribuirse al fuego que arde en su interior.

En el lado negativo, su perfeccionismo e implacabilidad pueden llegar a ser bastante frustrantes. Esto les lleva a menudo a trabajar deprisa y corriendo. Actúan primero y piensan después, lo que puede tener repercusiones no deseadas. Esto también les enseña múltiples lecciones a medida que avanzan en la vida. Según las leyendas populares, los carneros son extremadamente valientes y están dispuestos a luchar en las batallas, por lo que a menudo iban armados. La naturaleza ardiente es evidente en Aries, pero no dura mucho y se disipa rápidamente.

Aries y sus cartas del tarot

Aries está representado por las cartas del Emperador y del rey de bastos.

El Emperador

Esta carta sugiere que el Emperador siempre estará a su lado, especialmente en los momentos críticos en los que más lo necesita. Dice que su signo es leal y que siempre estará cerca de sus seres queridos. Siempre que sus amigos y familiares necesiten a alguien a su lado, usted estará allí y les ayudará. Básicamente, siempre estará pendiente de su trabajo y sus seres queridos podrán confiar en usted en las buenas y en las malas. Como el Emperador también encarna el poder y la autoridad, le pide que profundice y descubra su verdadero potencial para establecer un sistema y actuar como una fuerte figura de apoyo para su familia.

Su capacidad de análisis también puede ayudarle a reforzar este papel y a acercarse a sus objetivos. Al igual que Aries se sitúa en primer lugar en la carta astronómica, el signo de fuego muestra la primera chispa al encender el fuego. Dado que Aries suele ser de naturaleza agresiva y muestra cualidades de liderazgo, el Emperador se adapta perfectamente a este signo de fuego. Esto también tiene que ver con el hecho de que el carnero es autoritario y posee un enfoque directo.

El rey de bastos

La carta de los arcanos menores, el rey de bastos, también está estrechamente relacionada con Aries. Ambos son poderosos, duros y honorables. El trono del rey muestra poder y honor, al igual que este signo zodiacal. La confianza y el control del rey que muestra su varita también se ven en Aries. La energía del fuego, la fuerza y la capacidad de conquista son otras cualidades del signo de fuego y de la carta de los arcanos menores. Todos los motivos en ambos ámbitos son persistentes y masculinos. El lado dominante de este signo también hace que Aries tome las riendas y resuelva muchos asuntos en su vida personal y profesional.

Tanto el rey de bastos como Aries se rigen por el lema "las acciones hablan más que las palabras", lo que demuestran una y otra vez. A diferencia de otros signos, Aries muestra una fuerte conexión con sus cartas del tarot al tiempo que conserva matices de similitud. Esta carta de los arcanos menores ilustra el trono del rey con lagartos, salamandras y leones, lo que significa poder. Sin embargo, el rey es representado como si no estuviera sentado cómodamente y quisiera moverse con prisa, otra característica de Aries. En general, el trono y su conjunto representan su postura autoritaria y el orgullo de ser rey.

Leo (23 julio - 22 agosto)

Leo tiene una naturaleza carismática y ardiente como signo zodiacal gracias a su planeta regente, el Sol.

Rasgos de personalidad de Leo

Representado por el león, Leo es poderoso, feroz y el centro de atención. Los individuos de este signo del zodiaco suelen ansiar la atención y ser el centro de la misma. Pueden ser demasiado dramáticos o extremadamente cariñosos. La mayoría de los Leo poseen ambas características y las equilibran. Al igual que la naturaleza extravagante del fuego, este signo del zodiaco también es vivaz y está dispuesto a llegar a cualquier extremo para obtener reconocimiento. Como un fuego que baila y brilla con fuerza, los Leo plasman esta esencia en su personalidad y se mantienen dinámicos las 24 horas del día.

Con el Sol como planeta regente, la personalidad de un Leo sigue siendo la misma a lo largo de su vida y solo cambia ligeramente. Sus rasgos son evidentes y destacan en comparación con otros signos. Los Leo necesitan ser el centro del escenario y no tienen problemas en decirlo abiertamente. No tienen miedo de pedir lo que quieren y chispean como fuego ardiente dondequiera que pisen. Además, son compasivos y cálidos con sus seres queridos. Son capaces de hacer todo lo posible para proteger a sus amigos y familiares más cercanos. Por último, poseen cualidades de liderazgo y son extremadamente apasionados, al igual que Aries.

Leo y sus cartas del tarot

Leo está representado por las cartas del caballero, la Fuerza y la reina de bastos.

Fuerza

Esta carta simboliza la fuerza de una persona, tanto física como mental. Al igual que el poderoso león que representa a Leo, puede utilizar su fuerza y coraje para apoyar y ayudar a sus seres queridos a superar los obstáculos. Denota que nada es imposible y que todo lo que se necesita es agallas para lograr sus objetivos. También puede dar rienda suelta a su destreza espiritual y emocional para mantenerse fuerte y resistente. La carta de la Fuerza se ilustra con el león, que parece audaz y valiente, similar a Leo. Los colores utilizados en esta carta (principalmente tonos dorados y amarillos) también son bastante enigmáticos y brillantes, al igual que la personalidad de este signo del zodiaco.

La fuerza física y mental de un Leo está relacionada con la carta de la Fuerza, representada por una gentil doncella que acaricia al león. La personalidad apasionada de Leo rige los corazones, lo que se puede ver en el vínculo amoroso entre la doncella y el león. Además, el conjunto regio de la doncella con una túnica blanca representa las cualidades progresistas del signo zodiacal, como el honor, la realeza y la valentía. La corona y el fajín floral que lleva validan esta representación.

La conexión también se puede envasar a través del número romano 8 que aparece en la parte superior de la carta. Obsérvese que el octavo mes del año, agosto, está representado principalmente por Leo, que corresponde a la octava carta del tarot, la Fuerza. Si nos fijamos bien, vemos un símbolo de infinito flotando en el cielo sobre la doncella. Se parece mucho al número ocho, lo que denota otro vínculo. Dado que este número también representa la generosidad, la energía kármica y el entusiasmo, la carta del tarot y el signo del zodiaco son representaciones ideales del símbolo del infinito. Como puede ver, la carta del tarot de la Fuerza y el signo de Leo comparten una conexión única.

El caballero de los pentáculos

Aunque esta carta de los arcanos menores comparte sus cualidades con los signos de fuego y tierra, las similitudes entre el caballero de los pentáculos y los Leo son bastante evidentes. La fuerza que ejerce el signo de tierra y el ardiente deseo del signo de fuego confieren a la carta un sentido tradicional que la mantiene con los pies en la tierra. El caballero de pentáculos es el arquetipo de la capacidad de liderazgo y la confianza, que se refleja en Leo.

Además, el caballero de los pentáculos es precavido en su dirección y avanza con cuidado. Esto le ayuda a alcanzar sus objetivos con un enfoque práctico, logrando así el éxito dentro del plazo previsto. Es ambicioso y deja que los demás dependan de él, como lo haría un verdadero Leo. Tenga en cuenta que la intensa energía que representa este signo del zodiaco está, en cierto modo, relacionada con esta carta de los arcanos menores.

La reina de bastos

Esta carta viene en segundo lugar en la baraja del tarot, lo que demuestra su conexión con el signo de Leo debido a su rango como el segundo signo astrológico en la serie de fuego. Al igual que el rey de bastos, esta carta representa el coraje, la determinación y una personalidad de fuerte voluntad. La ilustración de esta carta de arcanos menores representa a la reina en un rico conjunto de brillantes tonos rojos y amarillos, mostrando el lado regio de este rico signo.

Con las cabezas de león en el trono de la reina y la criatura felina a su lado, la conexión entre Leo y la carta de los arcanos menores es evidente. Aunque la reina es valiente y poderosa, también tiene un rostro amable que la hace confiable. Ella hará cualquier cosa por el bienestar de su reino, al igual que lo haría un Leo al proteger a sus amigos y familiares.

Sagitario (22 noviembre - 21 diciembre)

El planeta regente de este signo del zodiaco es Júpiter y suele estar en el camino de buscar el placer y la verdad a partes iguales.

Rasgos de personalidad de Sagitario

Como se ha mencionado, este signo del zodiaco siempre está buscando la verdad, haciendo todo lo posible para conseguirla. Aunque son alegres, se sienten ansiosos al recordar que nada es permanente y que todo terminará. En algún momento, pueden profundizar en la exploración, tanto que pueden empezar a sentirse abrumados. A la hora de compartir sus opiniones, pueden ser dogmáticos. Esto se debe a que la melancolía de la vida cotidiana y el miedo a no encontrar respuestas pueden empujarlos a un dilema e incluso al terror.

Sagitario y sus cartas del tarot

Sagitario está representado por las cartas de la Templanza y el paje de bastos.

Templanza

Está dotado de abundantes habilidades de mediación, lo que significa que puede establecer paralelismos entre las situaciones y encontrar un terreno común para sentirse a gusto. Es usted consciente de sí mismo y posee una genuina comprensión de la evolución de su vida, lo que puede equilibrarla fuera de todo juicio. Su paciencia y diligencia pueden ayudarle a superar las dificultades y allanar el camino hacia días más brillantes. Es usted como un arroyo serpenteante capaz de despejar su camino para fluir sin problemas. La Templanza está vinculada al equilibrio y es extremadamente curiosa con su entorno. De hecho, toda forma de relación astrológica asociada a Sagitario representa su necesidad de encontrar y prosperar en la iluminación. Aunque el signo Sagitario ha aprendido y reunido suficiente información, sigue cuestionando su entorno para reforzar sus conocimientos.

Aunque los Sagitario son un signo de fuego, están a punto de convertirse en humo debido a su curiosidad y a su potencial de estancamiento. Esto está vagamente representado por el ángel de la carta de la Templanza que trata de equilibrar el agua que fluye en ambas copas, el proceso interminable de encontrar conocimiento, satisfacción y consuelo.

El paje de bastos

Esta carta de los arcanos menores representa el impulso, el entusiasmo, la astucia y la valentía, como el signo de fuego Sagitario. La túnica del personaje de la carta representa el signo de fuego, que tiene cualidades similares a la salamandra de las cartas de la reina y el rey. La palabra "nuevo" resuena bien con el paje de bastos, ya que siempre buscan nuevas aventuras y perspectivas filosóficas, otra cualidad similar que comparte este signo del zodiaco.

Cuando lea su horóscopo, considere su signo y la carta del tarot como un todo para obtener una perspectiva más profunda de su vida e interpretación. Esto también le ayudará a tener más conocimientos cuando practique la lectura de las cartas del tarot y del horóscopo. Con el tiempo, se dará cuenta del significado de los signos de fuego en sus respectivas cartas del tarot y viceversa. También obtendrá una imagen más clara de sus motivos y la dirección hacia un futuro más brillante.

Capítulo 12: Los signos de tierra y sus cartas del tarot

Como ha aprendido, los signos del zodiaco se dividen en cuatro grupos elementales: Fuego, tierra, aire y agua. En el capítulo anterior, hablamos de los signos de fuego y su asociación con las respectivas cartas del tarot. Pasemos ahora a los signos de tierra, quizás el más "realista" de todos los grupos del zodiaco. Su sensatez y practicidad son cualidades deseables que atraen a otros signos al grupo de tierra. Sin embargo, aunque se observan en otros signos, es la forma en que representan y muestran estas cualidades lo que los diferencia.

En este capítulo, hablaremos de los signos de tierra y su asociación con las cartas del tarot.

Signos de tierra

Los signos de tierra (Tauro, Virgo y Capricornio) son los tres signos del zodiaco que representan a los individuos con el enfoque más práctico hacia su vida personal y profesional. Se centran más en lo material y en lo económico. Debido a su naturaleza, se orientan más hacia la salud física que a la mental o emocional. Los tres signos son extremadamente trabajadores y comprometidos con sus responsabilidades. Son firmes y se comprometen a cambiar su vida trabajando duro. Pueden ser pacientes, sensatos y decididos a perseguir sus sueños y alcanzar el éxito.

Aunque los signos de tierra son principalmente obstinados, también pueden ser prácticos. Ciertas cualidades como la paciencia y la lealtad son también rasgos positivos que los signos de tierra llevan con orgullo. Por el contrario, pueden ser inflexibles y necesitan que las cosas salgan a su manera. Ansían las cosas materiales y pueden llegar a obsesionarse con ellas. Esto también puede hacerlos decadentes y en cierto modo perezosos. En comparación con otros signos, son los más aterrizados y realistas. Aunque son pragmáticos la mayor parte del tiempo, también pueden mostrar signos de agresividad e ira en los días malos. Cuando se enfurecen, cualquiera debería mantenerse alejado de ellos.

Los signos de tierra y el palo de pentáculos

El palo de los pentáculos (también conocido como el palo de las monedas), que forma parte de la baraja de tarot de los arcanos menores, está dedicado a los signos de tierra. Los signos de tierra y el palo de los pentáculos representan todo lo relacionado con los materiales, las finanzas y la salud física. Cada carta asociada al palo de los pentáculos en la baraja de los arcanos menores refleja los rasgos del signo de Tauro, Virgo o Capricornio. Mientras que algunos pueden representar un signo de tierra en particular, otros proporcionan pistas sutiles que hacen que las cartas del tarot y los signos del zodiaco sean extremadamente relacionables. Por ejemplo, el cuatro, el cinco y el seis de pentáculos simbolizan asuntos de dinero relacionados con los signos de tierra. Mientras que el cuatro y el seis de pentáculos indican que hay que ahorrar y donar dinero, respectivamente, el cinco de pentáculos insinúa pérdidas monetarias en un futuro próximo.

Como puede ver, la lectura de las cartas también puede ayudar a los signos de tierra a estar preparados en el ámbito financiero y profesional y a realizar los cambios necesarios para mantenerse a salvo. Tanto los signos de tierra como el palo de pentáculos reflejan varios niveles de conciencia con los aspectos creativos y de salud de un individuo. La forma en que una persona crea y transforma su vida también se hace eco con este palo de la baraja del tarot.

Tauro (20 de abril - 20 de mayo)

Los Tauro son conocidos por ser decididos, testarudos y muy obstinados en la mayoría de los aspectos de su vida.

Rasgos de personalidad de Tauro

El toro representa a este signo. Ya sea la ropa que llevan o la comida que comen, a los Tauro les gustan las cosas buenas de la vida. Considerados como los artistas entre los demás signos de tierra, los Tauro utilizan sus placeres, habilidades artísticas y sensualidad para inspirar a los demás y motivar a sus seres queridos. Persiguen sus sueños utilizando esta belleza y pasión innatas.

La gente puede confiar con seguridad en los individuos de este signo del zodiaco. Son estables, persistentes y trabajan duro. Sin embargo, en un mal día, pueden ser agresivos y perezosos. Incluso pueden ser posesivos con sus pertenencias y seres queridos, un rasgo que rara vez se manifiesta. A pesar de cualidades negativas como los celos y la posesividad, son leales a sus parejas, amigos, familiares y otros seres queridos. Los Tauro son notorios por naturaleza, y su capacidad de coqueteo puede llegar a ser exagerada. Prestan una atención extra a sus seres queridos y esperan lo mismo a cambio. En definitiva, harán todo lo posible por cumplir sus sueños y vivir felices.

Tauro y sus cartas del tarot

Tauro está estrechamente asociado con las cartas del Hierofante, el caballero y el rey de pentáculos.

El Hierofante

En griego, el Hierofante es conocido como "sumo sacerdote" y a menudo es llamado el papa. Esta carta es el líder de todas las cartas del tarot con su organización y naturaleza sagrada. Esta carta es la quinta en la serie de la baraja de tarot de los arcanos mayores. Representa cualidades positivas como la creatividad y la alegría. El Hierofante se ve sosteniendo un espectro triple en la mano izquierda, mostrando la dominación. Básicamente, esta carta es una representación del poder en el mundo de las cosas materiales. También predica la practicidad y las reglas, algo por lo que los Tauro son conocidos.

Con poder, los Tauro pueden alcanzar metas y perseguir sueños sin sentirse inseguros o desmotivados. También gobiernan algunos sentidos del mundo físico, como el placer y la sensualidad. Aunque los Tauro se toman su tiempo, pueden conseguir grandes cosas con su poder interior y su capacidad creativa. Con el tiempo, pueden incluso dominar el mundo. Se les llama, con razón "el maestro creador". Este signo del zodiaco se siente inmediatamente atraído por las personas con conocimientos y naturaleza espiritual. Como aprecian la disciplina y el trabajo duro, a los Tauro les gusta que los validen y por eso se sienten atraídos por estas cualidades.

El caballero de los pentáculos

Todos los caballeros representan el comportamiento de los Tauro y las lecciones de vida que supuestamente aprenden en su camino. Sin embargo, el caballero de pentáculos se asemeja más a este signo zodiacal que a cualquier otro. Al igual que los Tauro pueden esperar pacientemente para lograr sus objetivos, el caballero de pentáculos también es firme y está dispuesto a esperar hasta que vea un resultado deseable. Esta carta y el signo del zodiaco tienen los pies en la tierra, pero son testarudos. Formularán un plan y se ceñirán a él hasta que estén satisfechos. Independientemente del tiempo que les lleve (posiblemente años), seguirán siendo pacientes y virtuosos durante todo el camino.

En las cartas del tarot, el caballero es representado como un personaje tranquilo y seguro de sí mismo que parece estar perfectamente en contacto con el mundo que le rodea. Esta carta también representa la pasión, la libertad y la juventud, algo que coincide con las características y el comportamiento del signo Tauro. Sin embargo, el caballero puede ser algo más pausado y lento que sus homólogos, especialmente el caballero de bastos y el de espadas. El caballero de pentáculos planifica sus movimientos, lo que explica que sea más lento, al igual que un Tauro. Sostiene el pentáculo con respeto y parece ser cauteloso con sus acciones. También mantiene el control del caballo cuando está sentado, lo que demuestra un comportamiento brillante y confiado.

Su campo visual es contemplado pacientemente por el caballero, y estudia sus perspectivas con escrutinio. Está preparado para enfrentarse al mundo, pero planea tranquilamente sus movimientos. Espera pacientemente el momento adecuado para avanzar y conquistar el mundo. Aunque está vestido para el combate, no dará un solo paso hasta que esté completamente preparado. Además, el caballo negro se alinea con el yo independiente y maduro de Tauro. El caballero puede controlar el caballo y luchar a través de las dificultades a las que se enfrenta. Su perseverancia y determinación le mantendrán con los pies en la tierra y le harán la vida más fácil.

Esto demuestra que Tauro asumirá riesgos calculados y diseñará un plan antes de embarcarse en un viaje difícil. Esta estrategia también le hará más seguro y maduro. Sin embargo, cuando Tauro se enfrente a emergencias e intente resolverlas, el caballero de pentáculos puede actuar como un obstáculo. En estos casos, los Tauro deben aprender a pensar sobre la marcha y a tomar decisiones rápidas para superar la situación de forma definitiva.

Virgo (23 agosto - 22 septiembre)

Este signo del zodiaco está representado por la doncella y está regido por el planeta Mercurio.

Rasgos de personalidad de Virgo

Como se ha mencionado, Virgo se ocupa de los aspectos prácticos de la vida, al igual que cualquiera de los signos de tierra. Los Virgo tienen una mente analítica y ponen la verdad en un pedestal. Entre los demás signos, son los más prácticos y razonables, por lo que sus seres queridos suelen confiar en ellos para tomar decisiones. Sus mentes están naturalmente preparadas para tomar las decisiones más informadas. Son capaces de investigar las circunstancias con escrutinio y saben que su mente puede sacarles de las peores situaciones. Por el lado negativo, los Virgo pueden obsesionarse con los detalles más insignificantes, lo que puede ponerlos en un dilema. En situaciones extremas, también pueden arruinar su vida debido a esta obsesión.

Sin embargo, por lo general, su naturaleza atenta a los detalles les ayuda a mantenerse al tanto y a reunir valiosos conocimientos. De hecho, los Virgo prefieren mantenerse así para poder adaptarse al cambio con facilidad. Como son leales y sensibles, son excelentes compañeros y tienen una sólida red social. Su meticulosidad les ayuda a buscar mejoras en su vida personal y profesional.

Virgo y sus cartas del tarot

Virgo está estrechamente relacionado con las cartas del tarot el Ermitaño y la reina de pentáculos.

El Ermitaño

Esta carta se puede considerar la más cercana a Virgo porque cuenta el viaje de este signo del zodiaco y destaca las partes más importantes. El Ermitaño es una de las cartas más iluminadas y con mayor conciencia espiritual de la baraja del tarot. Los fuertes instintos y la fuerza potente son algunas de las cualidades que comparten los Virgo también. La carta afirma que si alguien desea introducir cambios positivos en su vida, la clave para lograr este objetivo está en su interior. Poseen el poder de realizar esos cambios con éxito. Los Virgo se rigen por un lema similar. Deben inspirarse en esta carta del tarot y reflexionar sobre sus acciones para insuflar energía positiva y sabiduría a su vida.

El Ermitaño también inspira a este signo del zodiaco a compartir sus conocimientos y obtener una mejor perspectiva para prosperar con los demás. Los Virgo pueden luchar por encontrar su vocación interior y su verdadero yo. Cuando está en el camino hacia una mayor conciencia y hace las paces con su conciencia, puede esperar respeto, paciencia y espacio de las personas que le rodean. Por eso, los Virgo necesitan una pareja que los comprenda y respete sus valores. Debe ser capaz de mantener conversaciones inteligentes con ellos y establecer una comunicación sana. Las aspiraciones espirituales del Ermitaño son elevadas, y también resuenan con el lado espiritual de Virgo.

La reina de los pentáculos

Mientras que el Ermitaño representa la espiritualidad de Virgo, la reina de pentáculos equilibra los atributos del signo zodiacal con un enfoque menos abstracto de la vida. Es nutritiva, ingeniosa y de corazón cálido, algunas de las cualidades que también representan a Virgo. En cierto modo, la reina completa las otras cartas de la baraja del tarot, otro atributo compartido con Virgo. Los individuos de este signo zodiacal completan la vida de sus seres queridos.

Una gran contradicción que presentan el Ermitaño y la reina de pentáculos es el equilibrio entre la espiritualidad y la riqueza. Mientras que algunos pueden buscar consuelo en un camino espiritual y convertirse en monjes, otros pueden perseguir la abundancia y hacerse ricos. Al final, todo se reduce a las necesidades, las aspiraciones y el patrón de pensamiento del individuo. Para algunos, la riqueza también puede ser espiritual, presentando así una amalgama perfecta de ambas entidades.

Capricornio (22 diciembre - 19 enero)

Este signo del zodiaco está representado por la cabra de mar, que es mitad pez y mitad cabra.

Rasgos de personalidad de Capricornio

Comúnmente conocidos como los que originaron los signos de tierra, los Capricornio son un grupo muy trabajador y decidido a mantenerse centrado y ambicioso. Son orgullosos y ocupan un lugar destacado en la sociedad en la que viven. Prefieren tener el control de su vida y establecer un sistema para mantener esta disposición. Persiguen el futuro y dan los pasos necesarios para poner las circunstancias a su favor. Sin embargo, esto puede afectar profundamente a sus emociones y a su sensibilidad. Los Capricornio nunca se quedarán al margen ni se quedarán en un solo lugar, sobre todo cuando no estén progresando de forma constante en su vida. Si se encuentran rezagados y con carencias, tomarán medidas inmediatas para darle la vuelta.

Contrariamente a la creencia popular, los Capricornio apenas guardan rencor y avanzan fácilmente en la vida. Para ellos, su carrera puede superar cualquier otra prioridad, incluso su vida personal y sus relaciones a veces. Rara vez se rinden y siguen trabajando duro, construyéndose un estilo de vida que puede dar envidia a los demás. Los tres signos de tierra son compatibles y se llevan bien entre ellos. Por eso son grandes amigos y compañeros a largo plazo.

Capricornio y sus cartas del tarot

Capricornio está estrechamente asociado con el Diablo y la carta del paje de pentáculos.

El Diablo

Al igual que Capricornio, que es feroz y habla con el corazón, la carta del Diablo es totalmente salvaje y cruda. La carta del Diablo está íntimamente ligada a Pan, el dios griego con una constitución mitad cabra, mitad hombre. Esta conexión se extiende también a Capricornio, a quien se puede extraer de la mitología griega. Tanto Capricornio como el Diablo quieren vivir sus fantasías más salvajes y llegar lo más lejos posible. La carta del Diablo alimenta los deseos más crudos de Capricornio sin temer ningún resultado peligroso. Este signo del zodiaco también es intrépido y puede llegar a cualquier extremo para cumplir sus sueños.

A pesar de ser tenaz y salvaje, el Diablo no se avergüenza de ser quien es. Vive con orgullo y cree que todo el mundo debe tener un poco de diablo en su interior. En cierto modo, Capricornio puede ser justo e imparcial por esa razón. Capricornio también es bueno en la cama y desea una pareja con habilidades orgásmicas similares. Esta carta conecta al signo del zodiaco con una pareja que comparte fantasías y expectativas similares y puede significar una relación saludable para un Capricornio. Si aparece en su lectura, puede ser bendecido con una relación duradera y llena de compromiso.

El paje de los pentáculos

Esta carta de los arcanos menores simboliza atributos infantiles debido a la naturaleza curiosa del paje. Es un aprendiz y un explorador. Una vez que encuentra algo interesante, profundiza y escudriña el tema hasta el fondo. Se nota en la forma en que sostiene el pentáculo y mira a su alrededor con curiosidad. A pesar de tener la capacidad y los recursos, este caballero no está interesado en gobernar el reino y prefiere explorar su hermoso terreno y mantenerse alejado de las preocupaciones y los peligros.

Capítulo 13: Los signos de aire y sus cartas del tarot

Los signos de aire son los más involucrados y hábiles con la comunicación. Los Géminis, Libra y Acuario conforman los signos de aire y llevan con agudeza sus historias a través de las cartas del tarot correspondientes. En la baraja del tarot, el palo de espadas es la representación ideal de los signos de aire en cuanto a las cualidades, los rasgos y la manifestación de los sueños. Las cartas también enseñan a los signos de aire a actuar en función de su situación y condición actual.

En este capítulo, hablaremos de los signos de aire y su asociación con las respectivas cartas del tarot.

Signos de aire

Los signos de aire (Géminis, Libra y Acuario) son conocidos como los hacedores y comunicadores entre todos los signos. Poseen una mente analítica y pueden sintetizar cualquier situación para obtener el mejor resultado. Son fogosos, inquietos y siempre están en el camino de la exploración en busca de nuevas aventuras e información. Se puede intentar detener a un signo de aire, pero lo más probable es que no lo consiga. Se dedican a tantear la vida sin descanso y a perseguir sus sueños sin descanso. Como son mayormente asociales, trazan su propio camino en soledad sin molestar a los demás. Para ellos, "vive y deja vivir" es el mantra definitivo.

Como los signos de aire son inteligentes y creativos por naturaleza, pueden tomar decisiones rápidas que probablemente produzcan el mejor resultado. Aunque prefieren estar solos, tienen un sentido comunitario de la responsabilidad y no se privan de sugerir soluciones eficaces para mejorar la sociedad. Para ellos, la practicidad triunfa sobre las emociones, y apenas se dejan enturbiar por estas últimas. Por lo tanto, cualquier tipo de información obtenida y transmitida por un signo de aire es muy probablemente correcta y precisa. Dado que viven para conseguir y producir nuevas ideas, puede confiar en ellos para tomar decisiones y señalar errores.

Los signos de aire y el palo de espadas

La energía de la espada de las cartas de los arcanos menores representa a los signos de aire, que significan acción, visión e inteligencia. Dado que los tres signos comparten la energía fundamental del palo de espadas, pueden descifrar fácilmente los pensamientos y creencias internas de una persona. Esto es importante si el individuo no está seguro de cómo está tomando forma su vida y hacia dónde se dirige. Los signos de aire son firmes representantes de los aspectos duales, lo que ilustra la dualidad de una persona. Ya sea la estabilidad y la intuición o la inteligencia y el poder, los signos de aire siempre consiguen encontrar un equilibrio entre estas cualidades. Si se observa algún desequilibrio, el individuo puede beneficiarse de un exceso de positividad o sufrir debido a un daño potencial.

Sin embargo, el palo de espadas no siempre es auspicioso en una lectura del tarot debido a su propensión a los problemas. Puede significar que la persona está demasiado enfadada o que prioriza la inteligencia sobre otros aspectos, destruyendo su vida personal y social. Aunque el palo de espadas representa principalmente a los signos de aire, algunos también forman parte de las copas (de las que se habla más adelante). Esta energía combinada se percibe a menudo como un elemento curioso y se estudia para ampliarla.

Géminis (21 de mayo - 20 de junio)

Este signo del zodiaco está representado por los gemelos, lo que refleja la doble personalidad de los géminis.

Rasgos de personalidad de Géminis

Entre todos los signos del zodiaco, Géminis es quizás uno de los más flexibles y energéticos. Están tan en sintonía con su interior que el caos o el desorden difícilmente pueden poner en peligro su vida. Se mostrarán tranquilos y cómodos en casi todas las situaciones. Los Géminis poseen un extraño sentido de la percepción que combinan con la realidad. Por lo general, no distinguen entre la realidad y los reinos falsos que imaginan en su mente.

Por lo general, este signo del zodiaco es social y agrada a los demás con su gran carisma. Son inquietos por naturaleza y suelen buscar personas con las que compartir sus profundos pensamientos y opiniones. Desprecian los horarios y no se ciñen a ninguno. Por lo general, no planifican su tiempo, ya que conocen su naturaleza de espíritu libre. Los Géminis hacen lo que quieren y no les gusta poner límites. Por lo tanto, no es sorprendente ver a los Géminis esparciendo su energía positiva por todas partes a su alrededor. Además, no se reprimen y no temen decir lo que piensan.

Géminis y sus cartas del tarot

Géminis está estrechamente relacionado con la carta de los Enamorados y la del rey de espadas.

Los Enamorados

Esta carta del tarot es una fuerte representación del signo de aire, ya que representa su doble personalidad e intimidad. Los Enamorados ejemplifican el "completarse mutuamente" o "compartir la misma energía" para convertirse en uno. Los Enamorados son encantadores y curiosos, que también son dos rasgos aparentes de los Géminis. Esta es también una de las razones por las que los demás se sienten atraídos por los individuos de este signo del zodiaco. Los Enamorados se atraen físicamente y comparten la misma energía emocional, lo que les convierte en la "otra mitad" esencial. Poseen todas las cualidades que debe tener una pareja, incluyendo una comunicación sana, afecto físico y un comportamiento coqueto.

Al igual que los Géminis le hacen sentir muy especial en una relación, los Enamorados se enamoran perdidamente el uno del otro. Redefinen efectivamente el amor y la pasión. Como los Géminis prefieren no estar solos, los Enamorados representan aún más su naturaleza dependiente. Encuentran consuelo en los brazos del otro y se sienten muy cómodos, al igual que los Géminis. Esta carta habla del amor, la armonía, la unión y la atracción, que equilibra el sentido de la vida. Ya sea en la vida o en el amor, Géminis busca el equilibrio por encima de todo.

El rey de espadas

El rey es una representación de la autoridad y la inteligencia, que son dos cualidades prominentes de los Géminis. Si esta carta aparece en su lectura, es posible que pronto conozca a una persona de gran autoridad. Al igual que los Géminis, el rey de espadas está en el camino de la búsqueda de la justicia y la verdad. Le gusta explorar, al igual que su signo zodiacal homólogo en el tarot. Aunque el rey tiene buenas intenciones, no todo el mundo interpreta sus intenciones de forma positiva. La carta ilustra al rey con un rostro inexpresivo en el que se le ve observando su tierra con curiosidad.

Al sacar esta carta, es posible que ya haya establecido un orden en su vida o que esté trabajando duro para poner en orden su vida. Esta cualidad también se puede ver en los Géminis. Siguen un método específico y elaboran un protocolo para salvaguardar su situación. Debido a su naturaleza práctica, apenas se les ve emocionarse. De hecho, plasman sus emociones en aspectos realistas y prácticos, lo que, según ellos, hace que las situaciones sean más fáciles de controlar. Esto les hace ser racionales y previsores por naturaleza.

Libra (22 de septiembre - 23 de octubre)

La balanza simboliza este signo del zodiaco, que representa la armonía y el equilibrio.

Rasgos de personalidad de Libra

Los Libra representan fuertes conexiones sociales y se esfuerzan por conseguir el amor y la cooperación de sus amigos y familiares. Son apreciados por su actitud justa y equitativa, que les ayuda a tomar mejores decisiones. Son seres inteligentes e interesantes que ofrecen muchos conocimientos a quienes les rodean. Sin embargo, los demás signos deben estar abiertos a buscar y recibir la sabiduría de los Libra. Los individuos de este signo del zodiaco son encantadores y suelen trabajar con horarios preestablecidos. Quieren que las cosas estén en orden y siempre buscan el equilibrio en todos los aspectos de su vida.

Los Libra saben cómo comprometerse y pueden ayudar a resolver problemas causados por malentendidos o juicios erróneos. Saben hacer las paces con los demás. Son tranquilos y dan tiempo a sus parejas y amigos para que hablen y resuelvan las discusiones. Por esta razón, los Libra son conocidos por ser increíbles amigos, socios y líderes. Aprenden de sus propios errores y aplican esas lecciones en su vida personal y profesional. Aunque la mayoría de los Libra son emocionantes y agradables, algunos pueden decepcionarle. Sin embargo, a menudo se sinceran debido a su sensatez, lo que les hace más confiables en general.

Libra y sus cartas del tarot

Libra está estrechamente asociado con las cartas del tarot de la Justicia y la reina de espadas.

Justicia

Como su nombre indica, esta carta aboga por la justicia y la equidad, al igual que Libra. Ilustra a un juez que sostiene una balanza en la mano izquierda, que es la simbología principal del equilibrio que buscan la mayoría de los Libra. Muestra la intención de las personas que a menudo emplean su experiencia e intuición para tomar decisiones importantes y dar los pasos necesarios. Al ser la carta número 11 de la baraja del tarot, la Justicia representa un fuerte poder intuitivo, al igual que el número 11. El número es tan poderoso que se conoce comúnmente como el "número maestro" en el mundo astrológico.

Paralelamente, el número 11 se puede ver en los pilares ilustrados en la carta del tarot, lo que refuerza la conexión. El uso excesivo de cualquier aspecto puede provocar un desequilibrio, que puede agotar a los Libra. La Justicia sostiene una espada de doble filo en su otra mano, lo que significa protección contra la ambigüedad o la confusión. Cualquier tipo de enigma se puede cortar fácilmente con la espada. También se puede relacionar la espada ilustrada con el palo de espadas, que representa a todos los signos de aire.

La reina de espadas

La dama ilustrada en esta carta representa la soledad, algo que la mayoría de los Libra suelen buscar. La reina favorece las emociones sobre los asuntos prácticos y prefiere vivir sola. También busca resolver todos los problemas que se le presentan, lo que explica su mirada curiosa. Es probable que su racionalidad y su respuesta práctica la ayuden a resolver asuntos con su capacidad de juicio. Si le sale esta carta en su lectura, su intuición está señalando sus habilidades racionales y le alienta a utilizarlas para tomar decisiones más informadas. Afirma que si mira con la suficiente profundidad, puede tomar fácilmente las riendas de su vida y encontrar respuestas a sus problemas.

La reina ilustrada en la tarjeta parece carecer de emociones, aunque muestra una mirada suave y curiosa con la espada en alto. Su atuendo parece conservador y su pose parece seria. Sin embargo, es íntegra y defiende la verdad. Probablemente no necesita el apoyo de un ser querido, ya que puede provocar sus emociones. De hecho, prefiere manejar la situación y los retos de la vida con tacto y gracia. A pesar de ser crítica y justa, le obligará a mirar en su interior y apreciar sus propias cualidades.

Acuario (20 enero - 18 febrero)

Este signo está representado por un animal acuático, el portador de agua, y está regido por el planeta Urano.

Rasgos de personalidad de Acuario

Su naturaleza extravagante y su personalidad excéntrica suelen llamar la atención. Los Acuario se perciben a sí mismos como justos y francos. Sin embargo, pueden enfrascarse en pensamientos profundos, por lo que a menudo se distraen. Son el mejor ejemplo de humanidad y se atienen a la ley de la comunidad. Si necesita a alguien a su lado en momentos de necesidad, un Acuario siempre le tenderá la mano. Sin embargo, carecen de la capacidad de consolar a los demás y de darles seguridad. Como se centran más en la comunidad que en los individuos, no siempre es posible que se sientan mejor en compañía de un Acuario.

Los Acuarianos suelen ser vistos como distanciados del mundo debido a sus propios patrones de pensamiento. Para convencer a un acuariano de que acepte su punto de vista se necesitan pruebas y datos basados en hechos. Como son conocidos por seguir la corriente, cambiar su mentalidad puede ser todo un reto. Aunque el pensamiento profundo y la autorreflexión son cualidades positivas, por lo general, los Acuario pueden resultar molestos cuando no escuchan a los demás y piensan en temas aleatorios.

Acuario y sus cartas del tarot

Acuario está estrechamente asociado con la carta de la Estrella, el caballero y el paje de espadas.

La Estrella

Esta carta ilustra a una mujer que sostiene una copa y vierte agua en otro cuerpo de agua profundamente conectado con la tierra. Representa el alimento y la esperanza. Obliga al signo a mirar hacia el futuro y a ser paciente. La mujer coloca un pie en la masa de agua, que se relaciona con la intuición del individuo. Para contrarrestarlo, coloca otro pie en la tierra. Esto significa que el individuo es estable e intuitivo al mismo tiempo. Dado que Acuario está representado por el agua y el aire, esta referencia puede ayudar a comprender mejor la conexión.

Mientras que el elemento aire demuestra el intelecto de la mujer, el agua representa su lado emocional. Además, la estrella representa los rasgos del signo de mantenerse inspirado y encontrar orientación mientras busca consuelo en un mundo sobresaturado. Los acuarianos prefieren estar solos y apenas se mezclan con la comunidad, lo que se puede ver en la única estrella grande de la carta del tarot. Los individuos de este signo son muy intuitivos y pueden encontrar fácilmente su vocación interior. Se guían por sus instintos y los escuchan con atención. Algunos dependen en gran medida de su intuición a la hora de tomar decisiones importantes, mientras que descartan las opiniones externas o prácticas.

La carta también muestra un pájaro detrás de la mujer, conocido como el ibis sagrado del pensamiento. El pájaro es la representación del elemento que hace brotar el árbol de nuestra mente. Esto también muestra que Acuario es inteligente y que puede labrar su propio camino en la vida con su fuerte intuición. En esencia, la Estrella y el signo zodiacal de Acuario comparten el sentido de la inspiración, la mejora de la sociedad y la prosperidad de su intuición.

El paje de espadas

Esta carta del tarot representa a un joven de pie en la cima de una montaña con una espada en sus manos. Está mirando en la dirección opuesta y parece listo para usar la espada. Parece joven y preparado, pero no está precisamente preparado para el combate. Quiere luchar por sus principios y creencias, lo que se refleja en su mirada confiada e intrépida. Sin embargo, no es el momento adecuado para que el paje luche contra el mundo, ya que aún no ha crecido del todo. Si esta carta aparece en su lectura, su mente y su cuerpo no están preparados para afrontar el reto que le espera. Debe ser paciente y dejar que el tiempo siga su curso. Retroceda y experimente el viaje sin correr riesgos. Si no, malgastará su energía y su tiempo sin obtener un resultado favorable.

En definitiva, los signos de aire se adhieren a las creencias comunitarias y tienen una fuerte visión para marcar la diferencia en el mundo. Sin embargo, ciertos desafíos de la vida pueden entorpecer temporalmente su perspectiva personal y del mundo exterior, lo que puede resolverse o al menos manejarse leyendo las cartas del tarot correspondientes que aparecen en su tirada.

Capítulo 14: Los signos de agua y sus cartas del tarot

Como ha aprendido en los capítulos anteriores, los grupos elementales específicos están estrechamente asociados con un determinado conjunto de cartas del tarot. Aunque algunos comparten cualidades y rasgos con otros signos, la mayoría se adhieren a signos específicos, lo que facilita la lectura de las cartas del tarot. Dentro del último grupo en mención, los signos de agua corresponden al lado emocional del tarot, que es el palo de copas. Dado que los signos de agua rigen sus emociones, este palo encarna perfectamente los rasgos de los tres signos del zodiaco, es decir, Cáncer, Escorpio y Piscis.

En este capítulo, hablaremos de los signos de agua y su asociación con las respectivas cartas del tarot.

Signos de agua

Plutón, la Luna y Neptuno rigen los signos de agua (Cáncer, Escorpio y Piscis). Entre todos, los individuos con el signo de agua son los más sensibles y delicados por sus emociones. A veces, el pensamiento racional puede resultar bastante desafiante, ya que favorecen las emociones por encima de la practicidad. Esto es una gran desventaja para quienes necesitan tomar decisiones informadas. Aunque las características individuales varían de un signo a otro y de una persona a otra, todos los signos de agua pueden ser calificados como creativos, sensibles e intuitivos. Además, son seres compasivos que pueden hacer amigos con facilidad y mantenerse fieles a sus seres queridos. Su naturaleza sensible y benévola les acerca a su grupo social, por lo que suelen ser las estrellas entre sus amigos y familiares.

Además, los signos de agua son extremadamente creativos y suelen dedicarse a empresas artísticas. No es de extrañar que sean fantásticos poetas, escritores, actores y artistas. Sus fuertes habilidades psíquicas y su poder intuitivo son bastante impresionantes. Saben cuidar y nutrir, por lo que son excelentes parejas y padres. Su lado emocional también los convierte en tutores capaces de cuidar a los niños con la máxima diligencia.

Los signos de agua y el palo de copas

Como ya hemos dicho, los signos de agua y el palo de copas están vinculados entre sí. Para ellos, el amor, las relaciones, los sentimientos, las conexiones y las emociones se imponen a otras cualidades. El palo de copas se rige por un principio similar. Como el agua es ágil y fluida, puede fluir fácilmente a través o sobre cualquier superficie. Puede adoptar la forma del recipiente en el que se vierte y actuar. Se puede moldear según sea necesario y, sin embargo, seguir siendo suave. Independientemente de cómo se trate el agua, puede actuar a su favor o en su contra. Por ejemplo, puede mostrar su poder a través de enormes y furiosas olas que se estrellan en la orilla o fluir suavemente en forma de arroyo.

Al igual que el signo de agua, el palo de copas puede representar la curación, la fluidez y la limpieza. Es femenino, sutil y poderoso. Al igual que una mujer, este palo declara su capacidad para adaptarse al cambio y asumir responsabilidades. Fluye, nutre, recibe y purifica. Si le sale el palo de copas en su lectura, debe estar preparado para pensar racionalmente y con la cabeza en lugar de con el corazón. Deje de lado sus emociones y maneje la situación con una mente analítica.

Cáncer (21 de junio - 22 de julio)

Este signo del zodiaco está representado por el cangrejo y regido por la Luna.

Rasgos de personalidad de Cáncer

Los rasgos más destacados de Cáncer son la sensibilidad y la actitud emocional. Pueden parecer firmes y obstinados por fuera, pero son más bien cálidos y suaves por dentro. Sin embargo, hay que acercarse mucho a ellos para conocer su verdadero lado. Tienen fama de ser malhumorados y de andar desenfocados. Los Cáncer son conscientes de sí mismos, pero aún así pueden proyectar una personalidad en capas. Para ellos, las emociones y penas actuales dictarán el curso de sus vidas. Esto también puede afectar a la vida de sus seres queridos en todo momento. Sin embargo, intentarán comprender a los demás y descifrar sus penas para que sus seres queridos se sientan más ligeros y mejores.

Por el contrario, apenas se abrirán a los demás. Tienen miedo a quedar expuestos o vulnerables, por lo que prefieren permanecer cerrados. No quieren que los demás se aprovechen de su dolor y sus debilidades y, por tanto, se mantienen aislados. Aunque no estén bien, actuarán como si lo estuvieran y convencerán a los demás. Esto a menudo les empuja a una espiral descendente.

Cáncer y sus cartas del tarot

Cáncer está estrechamente relacionado con las cartas del Carro y del rey de copas.

El Carro

La conexión entre Cáncer y el Carro fascina a los lectores del tarot y a los astrólogos porque muestran cualidades contradictorias. Mientras que los Cáncer son conocidos por ser nutritivos y amables con sus compañeros, el Carro muestra signos de progreso y crecimiento. Aunque estos dos conjuntos de cualidades no son exactamente opuestos, tampoco se llevan bien. La representación de la evolución y el movimiento de la carta del Carro señala al individuo la necesidad de trabajar en su crecimiento intuitivo y reflexionar sobre su movimiento. Con esto, la persona puede experimentar realmente la evolución y avanzar en la vida.

El Carro le dice a una persona que profundice y encuentre su verdadero propósito para experimentar la transformación. Al igual que el signo del zodiaco, el Carro también nos pide que tiremos de las cuerdas de nuestro corazón para fortalecer el poder intuitivo. Si aparece esta carta en su lectura, es probable que esté atravesando una fase de estancamiento sin una salida clara. Sin embargo, puede salir de ese estancamiento trabajando en sus creencias y canalizando su fuerza interior.

El rey de copas

Como ha aprendido, todas las cartas que representan el palo de copas muestran agua en sus ilustraciones, lo que pone de manifiesto su conexión con los signos de agua. Una de estas cartas, el rey de copas, muestra a un emperador sentado en un trono que descansa sobre un mar. Las altas olas cubren la base del trono chocando unas con otras. La carta también muestra un barco y un delfín detrás del trono. Las olas y el mar, que simbolizan la mente inconsciente de la persona, parecen bastante turbulentos. Significa que la persona debe encontrar la verdadera razón de sus dificultades actuales.

El rey de copas tiene a Cáncer como signo zodiacal, otra conexión entre las dos entidades. Las cartas representan cualidades como el amor, el romance y la independencia financiera, y un canceriano también puede mostrar estas cualidades. Además, pueden asumir responsabilidades y manejar las crisis con madurez. El rey de copas también es considerado y desconfía de los sentimientos de los demás. Es tranquilo por fuera y suave por dentro. Sin embargo, a veces puede ser malhumorado. Algunas profesiones de éxito son las de cocinero, ministro, sacerdote, médico o empresario.

Escorpio (23 octubre - 21 noviembre)

Este signo de agua es profundamente sensible y también se rige por sus emociones. Curiosamente, están representados por el Escorpio, que es un animal de tierra.

Rasgos de personalidad de Escorpio

Escorpio es quizás el más peculiar e incomprendido de todos los signos. Con su postura intimidatoria, a menudo se les percibe como arrogantes y mezquinos. Sin embargo, esta necesidad de tener su propio espacio es a menudo malinterpretada. Son íntimos, leales y hacen grandes amigos. Tener un Escorpio en su vida es, de hecho, una bendición. Los Escorpio mandan en los ambientes sociales gracias a su fuerte y encantadora personalidad. Su presencia es bastante poderosa, por lo que también puede resultar intimidante. Esto también se debe a su naturaleza misteriosa y a su afición por los enigmas.

Los Escorpio buscan la intimidad en todas sus formas debido a su naturaleza emocional. Como son serios y poseen habilidades de gobierno, también son grandes y eficientes líderes. También son intensos, lo que contribuye a su liderazgo. A veces, pueden parecer mezquinos o groseros. Sin embargo, su intención es simplemente la de mejorar su vida y desean que esta mejore. También son decididos y pueden sacar el máximo provecho de lo mínimo. Si buscan conseguir algo, nunca volverán con las manos vacías. Los Escorpio dan prioridad a sus objetivos y hacen todo lo posible por cumplirlos.

Escorpio y sus cartas del tarot

Escorpio está estrechamente relacionado con las cartas del tarot de la Muerte, el caballero y la reina de copas.

La Muerte

Dado que el escorpión (signo de Escorpio) es conocido por ser un animal mortal, siempre está relacionado con la carta de la Muerte en la baraja del tarot. Por ello, la mayoría de las personas que reciben esta carta en su lectura suelen entrar en pánico. Aunque la mayoría relaciona esta carta con la muerte física, en realidad enfatiza el verdadero significado del ciclo vida-muerte y cómo este bucle interminable sostiene la vida humana. Básicamente, significa que a cada noche oscura le sigue un día brillante y que la mala situación en la que se encuentra pronto dará lugar a días más felices. También puede significar lo contrario, en el sentido de que nada es permanente y hay que estar preparado para las circunstancias cambiantes.

El signo de Escorpio también representa la sexualidad, un símbolo de nueva vida. Esto puede estar relacionado con la carta de la Muerte que simboliza el renacimiento. Se cree que las personas que sacan esta carta en su lectura deben escuchar a su mente y espíritu inconsciente, ya que les está pidiendo que encuentren un propósito más elevado. Curiosamente, el mes de Halloween también coincide con el mes de nacimiento de Escorpio. Aunque Halloween simboliza la muerte, la mayoría de la gente lo celebra con alegría y vida.

El caballero de bastos

Esta carta ilustra a un caballero con una armadura completa, listo para entrar en el campo de batalla. De la misma manera que Escorpio es impulsivo y está dispuesto a atacar, el caballero también está preparado para derrotar a sus enemigos. Su conjunto comprende una túnica amarilla brillante con llamas sobre esta armadura. Esto está relacionado con la naturaleza ardiente de Escorpio, que puede morder para matar a sus enemigos y protegerse. La carta también le muestra sosteniendo una espada en esta mano derecha que está levantada en alto. Esto demuestra la naturaleza entusiasta del caballero y sus rápidos movimientos. Está listo para avanzar y conquistar la tierra que tiene ante sí.

Al igual que un Escorpio que se desliza a toda prisa, también se cree que el caballero está lleno de energía y avanza sin pensárselo dos veces. A veces, esto puede ser peligroso. Si obtiene esta carta en su lectura, significa que podría encontrar una nueva idea que podría cambiar su vida. Sin embargo, no debe tomar decisiones precipitadas durante la ejecución, ya que puede llevarle al fracaso. Prepare un plan sólido y vaya paso a paso. Esta carta también le indica que tiene suficiente valor y voluntad para triunfar en la vida y lograr sus objetivos.

La reina de copas

Esta carta ilustra a una reina sentada en su trono, mirando fijamente una copa que sostiene en una mano. Está profundamente absorta, tratando de descifrar los pensamientos ocultos en la copa. Como la copa está cerrada, esto puede relacionarse con la mente inconsciente de una persona, que a menudo está cerrada y necesita abrirse con esfuerzo. La mente inconsciente de una persona lleva los secretos de su bienestar y las habilidades necesarias para tener éxito. Sin embargo, si no se abre, nunca se podrán descubrir estos secretos. La carta también nos habla del reino físico, de la importancia de los libros y la investigación, y del magnetismo. Además, también se puede interpretar el significado de las ideas abstractas, la atracción y el romance a través de esta carta.

Así como se cree que el rey de copas tiene a Cáncer como signo zodiacal, la reina de copas tiene a Escorpio como suyo. Esta mujer es un símbolo de poder e imaginación. Tiene habilidades creativas y capacidades psíquicas. En el lado negativo, puede ser reservada, desconfiada y distante. Al igual que la vida debe ser tomada en serio a veces, la reina mantiene la suya bajo control y no la da por sentada.

Piscis (29 febrero - 20 marzo)

El último signo del calendario zodiacal, Piscis, está simbolizado por una pareja de peces. Este signo es conocido por su actitud relajada, a diferencia de otros signos de agua.

Rasgos de personalidad de Piscis

Aunque los Piscis se adhieren principalmente a sus principios y expresan con fuerza sus sentimientos, a veces pueden ser malhumorados y no les importa dejar salir sus emociones. Son empáticos por naturaleza y hacen todo lo posible para que los demás sean felices. Son desinteresados y están dispuestos a ayudar a los demás sin pensarlo dos veces. Su capacidad creativa y su patrón de pensamiento imaginativo les diferencian del resto. Por eso pueden construir fácilmente cosas desde cero e innovar. Sin embargo, si las cosas no salen como ellos quieren, pueden volverse malhumorados o desesperados, afectando a los demás en mayor o menor medida.

Si alguien les hiere más de una vez, los Piscis se aíslan y temen mostrar sus emociones. Cuando expresan sus sentimientos, son cuidadosos y tratan de no herir a los demás. Esto les convierte en uno de los signos del zodiaco más reflexivos. A veces, incluso se desviven por anteponer las necesidades de los demás a las suyas, por lo que suelen tener carencias en algunos ámbitos. Por el contrario, los Piscis pueden dejarse influenciar y convencer fácilmente. No importa la naturaleza de sus objetivos, emplearán todas las tácticas para alcanzarlos una vez que se lo propongan.

Piscis y sus cartas del tarot

Piscis está estrechamente asociado a la Luna y a la carta del paje de copas.

La Luna

Las dos principales cualidades que defiende la Luna son el idealismo y el pensamiento subconsciente. Básicamente significa que las cosas que se ven no siempre son reales. Esta carta profundiza en la mente subconsciente de los Piscis y describe su lado reservado. Ilustra una luna que mira hacia abajo en la tierra junto con un perro y un lobo (que representan el lado manso y salvaje de Piscis, respectivamente). Dos torres altas simbolizan la unidad, al igual que la pareja de peces. Aunque la carta aboga por la vida práctica que la mayoría de nosotros vivimos, insinúa una vida que puede ser más significativa y mística. Simplemente tenemos que encontrar nuestro camino y tomar el más significativo para vivir la vida al máximo.

El paje de copas

En esta carta podemos ver a una persona joven con una copa en la mano, lista para hacer un anuncio importante. Esto simboliza los acontecimientos y las noticias. La copa representa un pez saliendo con olas en el fondo. Significa que el individuo ha sido bendecido o está en camino de formular una idea nueva que cambiará su vida. Esta nueva perspectiva debe ser aprovechada para provocar un cambio positivo en su vida. Esto también se relaciona con la planificación del futuro y la toma de decisiones informadas para llevar una vida cómoda. Además, se cree que la persona a la que representa la carta es amable, gentil y creativa, al igual que los Piscis.

Capítulo 15: Dominar los arcanos menores con la numerología

Ahora que entendemos la relación entre los arcanos mayores y la numerología, exploraremos cómo la baraja de arcanos menores también está vinculada. Con este conocimiento, usted puede interpretar sus decisiones de vida, su personalidad y su intuición a un nivel más profundo. Se cree que este enfoque metódico es efectivo y mayormente preciso. Sin embargo, dado que los arcanos menores comprenden numerosas cartas, acotar sus lecturas puede resultar abrumador. Aquí es donde el poder de los números puede ayudarle.

Hagamos una rápida recapitulación para entender la clasificación de los cuatro palos de las cartas de los arcanos menores en función de los respectivos signos elementales.

Los cuatro palos de los arcanos menores

Palo de bastos

Signo: Fuego

Cualidades: Impulso, energía, inspiración y entusiasmo

El movimiento y la energía de su alma están marcados por el palo de bastos y corresponden al signo de fuego. Indica que sus acciones deben ser supervisadas para perseguir la dirección correcta y experimentar un cambio positivo. Debe encontrar su verdadera vocación para mantenerse impulsado y contento. Posee la llama y la pasión que necesita para alcanzar sus sueños, pero el único obstáculo es la incapacidad de encontrar estas cualidades. Aunque estas cualidades pueden ayudarle a alcanzar la satisfacción, al mismo tiempo pueden destruirle. Aprenda a utilizar su poder interior para aprovecharlas a su favor, no en su contra.

Palo de pentáculos

Signo: Tierra

Cualidad: Material, riqueza, manifestación y carrera

Todos los asuntos relacionados con el dinero, los materiales, los recursos y el mundo físico están aludidos por el palo de pentáculos y el signo de tierra. Al igual que la tierra nutre y apoya el crecimiento y el sustento de los seres vivos, su fuerza interior puede ayudarle a tomar el control del mundo que le rodea. Si busca lo suficientemente profundo, puede encontrar los cambios necesarios para obtener recursos y cumplir sus sueños en el mundo físico. Sin embargo, si la persona no tiene los pies en la tierra, puede volverse codiciosa y posesiva, lo que debe evitarse a toda costa.

Palo de espadas

Signo: Aire

Cualidades: Mental, honestidad, comunicación, pensamientos e intelecto

El palo de espadas simboliza la mente y la energía mental. Tanto si está indeciso como si es incapaz de utilizar las capacidades de su mente, este palo indica la necesidad de considerar sus opciones y dar un paso claro. Al igual que una espada de doble filo, las capacidades y el poder mental de una persona pueden hacerla triunfar o fracasar. Aprenda a utilizar su poder mental para cumplir sus sueños en lugar de destruirse a sí mismo. Utilice el movimiento del aire como fuente de inspiración, moviéndose inadvertidamente pero con fuerza.

Palo de copas

Signo: Agua

Cualidad: Emociones, intuición, creatividad y relaciones

El palo de copas abarca las relaciones, las emociones, el amor y la pasión. Como el agua fluye en un movimiento suave pero constante, sus emociones también pueden guiar su camino. Si este palo aparece en su lectura, es posible que piense con el corazón en lugar de con la cabeza. También puede significar que las decisiones que tome en situaciones graves pueden no ser las mejores, y que debe pensar de forma analítica para conseguir el mejor resultado.

Esta clasificación le ayudará a comprender la correlación entre las cartas de los arcanos menores y los números que representan.

Los arcanos menores del tarot y la numerología

Puede utilizar esta interdependencia para memorizar los significados de las cartas con facilidad. La baraja de los arcanos menores se compone de 56 cartas con los números del 1 (el as) al 10 (cada uno con cuatro palos). Estas 40 cartas numeradas se dividen en cuatro palos, y el resto se denominan cartas de la corte.

Exploremos los números de los arcanos menores y su correspondencia con los cuatro palos (copas, pentáculos, espadas y bastos).

Uno-As

Cualidades: Oportunidad, nuevos comienzos, potencial, nuevas ideas y nacimiento

Como se ha mencionado, el as está emprendiendo su viaje y dando el primer paso. Aunque pueden parecer indecisos y faltos de confianza en sí mismos, poseen el valor y la capacidad de alcanzar grandes alturas a simple vista. Tienen una perspectiva fresca que es difícil de encontrar en los demás. Si este número aparece en su lectura de las cartas del tarot, puede significar que el as puede encontrarle antes de comenzar la travesía.

A veces, los ases pueden intimidar con su postura juvenil y su energía bruta. Si tienen una nueva idea con perspectivas que podrían cambiar su vida, convocarán su poderosa energía para obtener el mejor resultado. Incluso si aún no tiene una idea, este número le pide que profundice y encuentre su vocación. Su nueva idea está enterrada en lo más profundo y solo necesita orientación para desentrañarla. Posee el potencial para desencadenar y experimentar un cambio positivo con un cambio de perspectiva. La forma de aprovechar las oportunidades depende de usted. Y lo que es más importante, deberá cuidar sus ideas, ya que los nuevos comienzos a menudo pueden abrumarle.

Dos

Cualidades: Asociación, equilibrio, dualidad, atracción, esperanza y elección

Características como la unión, el emparejamiento y los amarres están firmemente representados por el número dos en la baraja del tarot. Ya sea una nueva relación, un matrimonio o una asociación de negocios, es posible que recientemente se haya iniciado o que pronto se inicie una nueva afiliación importante. Significa la acción de dos fuerzas opuestas que se esfuerzan por convertirse en una sola. Las nociones de unión y de existencia armoniosa podrían afectar a su bienestar. Sin embargo, debe desconfiar de las complejidades que puedan surgir a causa de dicha afiliación.

Por el contrario, esta asociación o unión puede resultar tan perfecta y equilibrada que seguir adelante puede ser todo un reto. Se siente cómodo y avanza a su propio ritmo, lo que dificulta su progreso y le hace estancarse. Esto también puede afectar a su toma de decisiones y paralizar su capacidad de análisis. Sin embargo, por lo general, esta unión simplemente implica que los nuevos comienzos percibidos con el as están en marcha y que necesita más tiempo para planificar el futuro. También se enfrentará a elegir entre posibles socios e incluir al más competente en su equipo.

Tres

Cualidades: Crecimiento, creatividad, grupo, aumento, expresión y fecundidad

El número tres también representa el trabajo en grupo y la idea de crecer juntos. Sus ideas y su plan están en marcha y avanzan con paso firme. En esta etapa, es posible que más personas se unan a su grupo y trabajen para progresar. También se refiere a la aparición de nuevas ideas que pueden reforzar el plan existente. Su grupo está dando pasos prácticos y celebrando su evolución. Aunque la mayoría de las lecturas son positivas, algunos emparejamientos del palo y el número tres pueden indicar resultados diferentes. Dado que el número tres se asocia principalmente con el concepto de finalización (la Santísima Trinidad y el primer polígono), puede indicar algún tipo de logro en su vida.

Tenga en cuenta que el número tres puede ser engañoso y producir distintos significados según el palo que saque. Por ejemplo, mientras que el tres de espadas puede representar la incomprensión y la tristeza, el tres de copas puede significar alegría y celebración. Estos son los dos extremos del espectro, y su lectura dependerá en gran medida del elemento que obtenga.

Cuatro

Cualidades: Estabilidad, estructura, manifestación, seguridad, organización y fundamento

El número cuatro insinúa que debe ampliar su idea o proyecto actual para seguir creciendo. Por lo general, los cimientos ya están puestos. Sin embargo, los obstáculos o la lentitud del progreso pueden significar que la ejecución podría ser lenta o deficiente. Esto suele provocar decepciones, ya que el resultado es imprevisible. Si obtiene el número cuatro en su lectura, es una señal del universo para esforzarse y progresar para lograr los resultados esperados de forma continua.

Básicamente, su poder interior, sus habilidades y sus esperanzas ya se han manifestado en el mundo práctico, y solo tiene que seguir creciendo. Se enfrentará a numerosos retos y decisiones cruciales, la mayoría de los cuales pertenecerán al plan en curso. Aunque el número cuatro indica principalmente paz, ciertas situaciones pueden hacer que esta fuerza se convierta en estancamiento. Reflexione sobre su trabajo y comprenda los cambios que debe realizar para seguir evolucionando. Al fin y al cabo, no querrá que el tiempo y el esfuerzo que ha invertido en sí mismo sean en vano.

Cinco

Cualidades: Conflicto, cambio, inestabilidad, desafío, fluctuaciones y pérdida

En este momento, es posible que se enfrente a varias incertidumbres que pueden crear fluctuaciones o inestabilidad en su vida. Normalmente, el número cinco significa caos temporal y pequeños contratiempos. Sin embargo, su proyecto, sus fases y sus resultados pueden verse permanentemente dañados si no se lo toma en serio. Tiene que aprender a lidiar con las incertidumbres y forjar su propio camino hacia el progreso. Tenga en cuenta que la mayoría de la gente empieza a pensar demasiado en momentos de caos, lo cual debe evitarse.

Si todavía no se ha enfrentado a ningún contratiempo, prepárese para afrontar uno si esta carta aparece en su lectura del tarot. Los impedimentos u obstáculos pueden presentarse de cualquier forma, ya sean riñas con sus socios, pérdidas en su negocio o problemas personales que pueden poner en peligro el panorama general. También es un buen momento para aprender del pasado y convertir sus errores en lecciones. Sin embargo, esta fase es temporal. Para recuperarse, debe tomar medidas inmediatas y mantenerse positivo. Mantenga la calma y encuentre la salida para superar este trastorno temporal.

Seis

Cualidades: Armonía, cooperación, comunicación, recuperación, paz y adaptación

El número seis está más bien orientado a solucionar problemas y aporta paz. Indica que ha sorteado con éxito las dificultades temporales y que está progresando. Está en paz con su pareja y está trabajando armoniosamente en su proyecto o en sus nuevas ideas. También es posible que unan sus fuerzas o que incorporen nuevos miembros a su empresa. Independientemente de la dirección, la unión le ayudará a alcanzar un objetivo deseable, que todas las partes codician.

Si se encuentra en una fase de tambaleo, la nueva unión le ayudará a enderezar el rumbo. Recibirá mucha orientación y empatía para superar sus problemas. En esencia, el número seis pone de manifiesto las necesidades de una persona y su deseo de encontrar una verdadera compañía. Independientemente del palo que obtenga, el número seis le pedirá que busque ayuda. Es el momento de dejar atrás los conflictos y aplicar soluciones permanentes. Este número también indica la necesidad de dejar de lado las luchas internas y externas. Siempre hay luz después de la oscuridad y cielos despejados después de las tormentas.

Siete

Cualidades: Conocimiento, evaluación, reflexión, descubrimiento, espiritualidad e independencia

El número siete indica introspección y la necesidad de profundizar. Deje de hacer lo que esté haciendo y dé un paso atrás. ¿Está en el camino correcto? ¿Su vida y sus planes van como esperaba? ¿Debe hacer alguna mejora? Si la respuesta es afirmativa, reevalúe su trayectoria y cambie el orden de ejecución. En este punto, también está evaluando sus errores y aprendiendo de ellos. Así se asegurará de no repetirlos y de utilizarlos para seguir su camino.

Aunque se sienta solo, debe reexaminar su condición para cumplir con su búsqueda. Concéntrese en sus auténticos deseos y haga una pausa si es necesario. Deténgase todo el tiempo que necesite, pero vuelva siempre con más fuerza. Todo el mundo necesita un descanso, especialmente después de perseguir sus sueños sin descanso. Ha trabajado mucho y ahora puede permitirse el lujo de relajarse un poco. Incluso durante una pausa, encontrará mejores formas de mejorar su vida, lo que sigue siendo una forma de progreso.

Ocho

Cualidades: Acción, dominio, logro, fortaleza y valor

Una vez que ha experimentado la fase de reflexión y contemplación, es el momento de integrar sus acciones en su verdadera búsqueda. El número ocho indica coraje, impulso, acción y maestría, lo que significa que debe luchar y cumplir sus objetivos. Tiene el valor y las habilidades para cumplir con su destino. Todo lo que necesita es un poco de motivación y positividad, que el número ocho pone sobre la mesa. Además, indica que está cerca del éxito y que casi puede saborearlo. Solo tiene que recorrer un trecho más para conseguirlo.

El ocho también indica finalización y logro. Ya ha probado el éxito o está a punto de experimentarlo. No siempre significa fama, éxito mundano o recompensas monetarias. A veces, se refiere al bienestar emocional de la persona. Al final, está destinado a seguir creciendo y a experimentar un resultado exitoso. Puede que no lo perciba ni lo sienta venir, y puede que se le presente la oportunidad cuando menos lo espere.

Nueve

Cualidades: Logro, fructificación, realización, autoconocimiento y despertar

A medida que se acerca la culminación, se produce una transición constante hacia una fase de estancamiento o estabilidad. La mayoría de las personas confunden esta fase con la llegada a la meta, mientras que en realidad se trata simplemente de una transición. Siente que ha completado con éxito su proyecto, pero aún no ha llegado a la meta. Simplemente está cambiando y evolucionando para estar preparado para el éxito. En cierto modo, la contemplación y el impulso que inspira el número ocho se están convirtiendo lentamente en progreso, orientado por el número nueve.

En ciertas lecturas astrológicas, el nueve se indica como un estado de culminación en lugar del número diez. En esta etapa, puede ver claramente el panorama general y está cerca de la línea de meta. De hecho, puede verla y avanzar velozmente hacia ella Sin embargo, si está cansado y necesita hacer una pausa, considere la posibilidad de tomar un descanso para relajarse. Está cerca del final y este acabará llegando. Utilice este tiempo para adquirir conocimientos, trabajar en usted mismo y fomentar el autoconocimiento.

Diez

Cualidades: Fin de un ciclo, terminación, renovación o finalización

A estas alturas, ha logrado la culminación y ha llegado al final del ciclo. Ya sea un proyecto mundano o su progreso emocional, ha culminado con éxito en la cima. La mayoría de los individuos en este punto están satisfechos, tanto emocional como espiritualmente. Si obtiene este número en su lectura del tarot, lo más probable es que haya completado el círculo.

A medida que pase el tiempo, comenzará el proceso y lo hará de nuevo. Podrá construir un proyecto completamente diferente al que vivió en el pasado. Sin embargo, es necesario que descanse antes de emprender el nuevo camino para no agotar su energía.

Para obtener una lectura de tarot precisa, combine las cualidades de los números con los rasgos de las cartas de los arcanos menores que aparecen en su tirada. Por ejemplo, si le sale el cuatro de pentáculos, relacione el número cuatro con la estabilidad y el palo de pentáculos con las finanzas. Por lo tanto, está bendecido con la estabilidad financiera. Del mismo modo, el cinco de copas puede significar una caída o lucha en su relación porque el número cinco significa conflicto y el palo de copas representa las relaciones y el amor.

Capítulo 16: Comprender los arcanos mayores con la numerología

En su verdadera esencia, el tarot es mucho más que un conjunto de cartas. Aunque pueda parecer un truco de salón empañado de magia y misterio, el tarot puede ayudarle a sumergirse en los reinos de la conciencia humana y a reconocer patrones pasados y presentes, junto con su probable futuro. Como hemos visto, el tarot se divide en dos arcanos diferentes. Los arcanos mayores revelan y arrojan luz sobre los intrincados aspectos de su experiencia vital utilizando la numerología, el simbolismo y los elementos.

La mayoría de los entusiastas del tarot comienzan por comprender los significados asociados a las cartas de los arcanos mayores. Las correspondencias de los arcanos mayores pueden ser una forma eficaz de aprender los significados de cada carta. Una vez que comprenda los rasgos clave asociados a cada carta de los arcanos mayores, podrá aprender más sobre ellos en profundidad. Puede aprender la astrología de los arcanos mayores, la numerología de los arcanos mayores, los elementos de los arcanos mayores y mucho más, dependiendo de la técnica que utilice para leer las cartas del tarot.

Este capítulo se centrará en los significados de los arcanos mayores ocultos en las 22 cartas del tarot. Cada carta simboliza una experiencia diferente de su psique que, en última instancia, le lleva a comprender el subconsciente universal. Las tribulaciones y pruebas que conllevan las cartas de los arcanos mayores pueden inspirar e inquietar al lector. No hace falta decir que las cifras numéricas, los caracteres y los glifos relacionados con las cartas de los arcanos mayores pueden resultar abrumadores para los novatos. Por eso es mejor abordar el tarot como una historia que tiene al Loco como personaje central.

La historia de las cartas de los arcanos mayores

El Loco (Número 0)

La historia comienza con el cero, el despreocupado Loco, desplegando los misterios de los arcanos mayores a medida que avanza en el viaje, sin saber lo que le espera. El Loco aparece en la baraja del tarot con una túnica blanca y una flor en la mano. A menudo se le representa al borde de un precipicio. Es posible que lo vea como algo inconsciente o débil, pero se sorprenderá cuando comprenda su personalidad y sus acciones. En el tarot, el Loco se asemeja al poder del momento presente. El tema dominante de la carta del Loco es el dominio del viaje de la vida. Además de su destreza política, el Loco destaca en la dirección de los demás y puede acumular grandes riquezas. Es intrépido, abierto e inocente, lo que hace posible este viaje aventurero de autodescubrimiento.

El Mago (Número 1)

Cuando el Loco emprende su viaje, la primera persona con la que se encuentra es el Mago, que representa la energía masculina pura y el liderazgo. El Mago, al ser el número 1, es un líder natural, único, asertivo, pero a menudo obstinado. Esta carta del tarot representa el desarrollo intelectual, la capacidad para resolver problemas, la independencia y la creatividad sin límites. El Mago es muy inventivo, impulsivo y emprendedor. Tiene una mente consciente e instintos pioneros. Esta carta simboliza una fuerte voluntad de hacer valer los puntos de vista personales en el mundo y la capacidad de aprovechar los propios talentos para la mejora de uno mismo.

La Suma Sacerdotisa (Número 2)

A continuación, el Loco se encuentra con la Suma Sacerdotisa, sentada pacientemente frente al templo de Salomón. Conocida como la guardiana de los secretos del poder divino, la Suma Sacerdotisa encarna la energía femenina pura, el equilibrio y el inmenso conocimiento. Las fuerzas misteriosas, poderosas y mágicas de la intuición se encarnan en la Suma Sacerdotisa. Estas fuerzas intangibles le permiten explorar los reinos de la magia. Puede tener problemas con la toma de decisiones y la confianza en sí misma y suele ser demasiado sensible. Esta carta en el tarot representa una energía suave y pacífica. La Suma Sacerdotisa es socialmente consciente, ama el equilibrio y es una excelente pacificadora.

La Emperatriz (Número 3)

La Emperatriz es considerada la contraparte terrenal de la Suma Sacerdotisa femenina. Al igual que el número 3, representa la comunicación, el vínculo divino femenino y la armonía. Como madre del Loco, es conocida por ser nutritiva, cariñosa y de espíritu bondadoso. Representa la abundancia, la diversión y el optimismo. Conocida por ser una animadora natural y una hábil oradora, la Emperatriz es expresiva y puede entablar conversaciones con facilidad. A veces, sufre de extrema autoindulgencia, anhela las oportunidades y puede carecer de concentración. Sin embargo, la Emperatriz encuentra consuelo en su vívida imaginación, su creatividad y su inquebrantable optimismo.

El Emperador (Número 4)

El Emperador es la encarnación terrenal del Mago masculino y el padre del Loco. Esta carta del tarot representa la ley y el orden. El Emperador es trabajador, centrado y disciplinado por naturaleza. Para proteger su reino y la suavidad de la Emperatriz, construye muros y crea límites firmes frente al mundo exterior. El Emperador es un constructor creativo que se nutre de la planificación y los enfoques sistemáticos. Conocido por ser muy práctico y un supervisor natural, el Emperador comparte sus conocimientos con el joven Loco para ayudarle a encontrar seguridad y a establecer límites.

El Hierofante (Número 5)

El joven Loco abandona la seguridad de su hogar, fortalecido por el conocimiento de sus padres. Cuando empieza a explorar el mundo bien estructurado, el Loco se encuentra con el Hierofante. Esta carta simboliza la libertad y la aventura. El Hierofante es conocido por tener una mente inquieta que lo cuestiona todo y aprende de las experiencias. A este espíritu impulsivo no le gusta la monotonía y le gustan los cambios constantes. Además, el Hierofante está dotado de un gran atractivo sexual y le encanta la indulgencia física que involucra todos los sentidos humanos.

Los Enamorados (Número 6)

A medida que el Loco continúa su viaje, se encuentra con los Enamorados. La carta de los Enamorados representa la responsabilidad, la belleza, la honestidad, la armonía, la generosidad y la simetría en el tarot. A partir de ellos, se da cuenta del poder de elección y de que sus propias acciones darán forma a su futuro. La carta de los Enamorados también simboliza la protección, la equidad, la paz y el amor. El número 6 se asocia con el discernimiento, la protección y la intolerancia a la hostilidad. En resumen, para los Enamorados, el corazón es donde está el hogar. Se sabe que los Enamorados prefieren la vida doméstica y son habitantes de la comunidad. Ansían el amor y la atención, son naturalmente artísticos y adoran los entornos atractivos.

El Carro (Número 7)

Educado por los Enamorados, el Loco está ahora preparado para aplicar sus conocimientos al mundo real. Para embarcarse en esta aventura, sin embargo, debe pasar por el Carro. Representa la graduación, una señal de que el Loco tiene suficientes conocimientos para enfrentarse a los retos del mundo real. En el tarot, la carta del Carro se asocia con la mente. Representa los sueños, la filosofía y la intuición. El número 7 es sagrado y representa la espiritualidad y el pensamiento profundo. El Carro es antisocial y un solitario natural que prefiere el aislamiento. Es contemplativo, analítico y estudioso. Sin embargo, las excelentes facultades mentales del Carro le permiten apreciar los detalles.

La Fuerza (Número 8)

Después de graduarse, el Loco se enfrenta a su primer reto en forma de Fuerza. La carta de la Fuerza en el tarot representa el materialismo. Paralelamente, el número 8 se asocia con la riqueza y la abundancia. La carta de la Fuerza también encarna los ideales de estabilidad, seguridad y protección. Esta carta se asocia con el liderazgo, el equilibrio financiero, el crecimiento espiritual y el valor. El equilibrio entre lo espiritual y lo mental es lo que mantiene a esta carta satisfecha. Esta carta representa grandes reservas de fuerza y energía. También es conocida por sus excepcionales habilidades organizativas, capaces de gestionar grandes empresas.

El Ermitaño (Número 9)

Probado por los desafíos de la Fuerza, el Loco se encuentra en una espiral hacia el mundo del Ermitaño. Al encontrarse a solas con sus pensamientos, el Loco aprende sobre la introspección. La carta del Ermitaño representa la sabiduría y es conocida como universalista. El número 9 se asocia con la compasión y la sabiduría innata. El Ermitaño está dotado de un pensamiento abstracto y una energía formidable. A menudo considerado como ingenuo, el Ermitaño debe compartir la sabiduría con los demás y aprender a decir no. Conocido como humanitario, es idealista, misericordioso y tolerante.

La Rueda de la Fortuna (número 10)

Una vez desvinculado del mundo exterior, el Loco comprende que la vida es un juego que hay que jugar y un conjunto de acertijos que esperan ser resueltos. Estos giros son el resultado del destino y de las elecciones. Es entonces cuando la Rueda de la Fortuna aparece como una manifestación del conocimiento recién encontrado por el Loco. Esta carta en el tarot representa los nuevos comienzos. El número 10 en numerología se asocia con la influencia, la opinión y la espiritualidad. La Rueda de la Fortuna es un pensador claro y posee un gran pragmatismo y capacidad de liderazgo. Representa el cambio de fortuna, la conexión con la conciencia y un nuevo ciclo de energía.

Justicia (Número 11)

A medida que el Loco se acostumbra a la naturaleza siempre cambiante de la fortuna, es conducido a la carta de la Justicia. Aquí aprende cómo se toman e implementan las decisiones. La carta de la Justicia representa la visión intuitiva de un maestro. En numerología, el número 11 se llama número maestro y se asocia con la iluminación. La carta de la Justicia es idealista, naturalmente perceptiva y bastante creativa. Extrae energía de las fuerzas cósmicas y es un educador natural. Tiene un agudo sentido de la justicia y una gran curiosidad por lo metafísico. La carta de la Justicia es un catalizador natural, tiene un potencial creativo ilimitado y es conocida por ser positivamente decisiva.

El Colgado (Número 12)

El Loco pronto aprende que la vida no es tan blanca o negra cuando se encuentra con el Colgado. Se encuentra entre dos mundos, intentando adoptar una perspectiva más fresca. En el tarot, la carta del Ahorcado simboliza la ley de la inversión. También representa un periodo de espera o de suspensión de la toma de decisiones. El Colgado observa el mundo desde una perspectiva diferente, puede mirar por debajo de la superficie y cree que la realidad es una ilusión. Es la personificación de la sabiduría y tiene una enorme fuerza interior. Conocido por su profunda serenidad, el Colgado es espiritual, analítico y puede tolerar diversas creencias. El número 12 se asocia a la importancia de las leyes naturales y universales.

La Muerte (Número 13)

Su incómodo encuentro con el Colgado hace que el Loco se dé cuenta de que todo lo que aceptaba como verdad ciega era la ideología de sus antiguos tutores. Es entonces cuando la carta de la Muerte aparece para liberarlo de las enseñanzas del Emperador, la Emperatriz, el Hierofante, los Amantes, la Justicia y cualquier otra noción acumulada desde la infancia. En el tarot, la carta de la Muerte representa el renacimiento kármico. Sugiere el cambio constante, la destrucción y la reconstrucción. Esta carta tiene que ver con la regeneración y la transformación. El número 13 se asocia con las habilidades psíquicas, la transmutación de la energía y la creatividad ilimitada. La carta de la Muerte también simboliza la energía del "todo o nada".

Templanza (Número 14)

La experiencia con la Muerte cambia al Loco para siempre. Su comprensión toma la forma de la Templanza. El ángel de la carta de la Templanza proporciona al Loco una comprensión más profunda de la espiritualidad. El Loco encuentra su emoción estabilizada y las extremidades de la vida conectadas a través de un camino medio. En el tarot, la carta de la Templanza representa la moderación. El número 14 se asocia con la energía sexual vívida y la imaginación. La Templanza ama la adrenalina y la emoción. Aprende con la experiencia y ama la vida rápida y furiosa. La Templanza necesita tener cuidado con los extremos y aprender sobre la precaución y la importancia de bajar el ritmo de vez en cuando.

El Diablo (Número 15)

La claridad que acompaña a la Templanza revela los puntos ciegos del Loco. Estos puntos ocultos toman la forma del Diablo. Con la aparición del Diablo, los impulsos subconscientes del Loco se manifiestan en forma de apego y adicción. La carta del Diablo representa el discernimiento y las ataduras circunstanciales. Es naturalmente magnético y de fuerte voluntad. El número 15 se asocia con la ambición, la perseverancia y también simboliza la responsabilidad. Se asocia en gran medida con el hogar y la familia.

La Torre (Número 16)

La cantidad de estrés, manipulación y tensión que surge debido al Diablo son de corta duración. El asombro y la conmoción de la Torre despiertan al Loco. La carta de la Torre resuena con la noción de despertar. Muestra una personalidad expresiva, perceptiva y a menudo contundente. La Torre puede enfrentarse a retos como pérdidas materiales por cuestiones emocionales, contratiempos temporales, temperamento destructivo e impaciencia. Puede evaluar fácilmente las circunstancias y está dotado de una inteligencia clarividente.

La Estrella (Número 17)

Los muros del mundo interior del Loco son destrozados por un rayo del cielo, lo que permite a la Estrella renacer. Tal vez uno de los momentos más esperanzadores y mágicos de la vida del Loco, es que la asistencia divina de la Estrella lo bendice con nuevas y sanas ideas. En el tarot, la carta de la Estrella representa el éxito. Simboliza el deseo de la verdad, la determinación y la perspicacia. Las vibraciones auspiciosas de la Estrella y el pensamiento fino ayudan al Loco a encontrar caminos sabios en el mundo material. La Estrella se asocia a menudo con la capacidad de liderazgo ejecutivo, la alta concentración y la influencia de Acuario.

La Luna (Número 18)

El nivel de trascendencia que el Loco encuentra con la Estrella tiene un lado oscuro. Desde las sombras, aparece la Luna. Le recuerda al Loco el ciclo de las mujeres y las mareas del océano. La Luna, psíquica y profunda, encarna todo lo que es misterioso e incontrolable. La Luna representa el desarrollo de las sombras en el tarot y se asocia con la capacidad natural de curación, las emociones intensas, la imaginación y la sensibilidad. Esta carta también se asocia con la inestabilidad emocional, la energía inexperta, la ansiedad y el nerviosismo. La Luna es intuitiva, receptiva, muy influenciada por el subconsciente y puede desarrollar una gran concentración.

El Sol (Número 19)

Cuando la Luna comienza a ponerse, el Loco puede sentir que su viaje está terminando. Sus sentimientos se confirman cuando el Sol sale con la promesa de volver a casa. La carta del Sol personifica la independencia en el tarot y se percibe como un excelente orador y un líder dotado. La carta se asocia con el alto intelecto, el arte y la ciencia. El Sol debe dominar las emociones, controlar la impulsividad y evitar la autocompasión. La carta es el signo de la vida y la luz. El Sol está dotado del poder divino que lo guía.

El Juicio (Número 20)

Cuando el Loco regresa a su castillo ancestral, está preparado para revelar todo lo que ha aprendido durante el viaje. Aquí es donde se revela la carta del Juicio. En el tarot, la carta del Juicio representa la cooperación, la colaboración y las decisiones. Esta carta es el poder detrás del trono y es naturalmente diplomática. Hay que aprender a dominar las emociones, adaptarse a las diversas percepciones y distinguir entre lo que es verdadero y lo que es falso.

El Mundo (Número 21)

Finalmente, el Loco termina su viaje cuando se completan los últimos trabajos internos. El Mundo da la bienvenida al Loco. Aunque representa el final del viaje, el Mundo insinúa el comienzo de otra aventura. El ciclo interminable de la vida es quizás el nivel más profundo de sabiduría que el Loco aprende en su viaje de autodescubrimiento. La carta del Mundo, en el tarot, representa la integración cíclica y se asocia con una actitud positiva, la libertad y la liberación. El número 21 es un número afortunado que representa una visión positiva de la vida. Simboliza la unión del amor y la sabiduría. El mundo puede ser a menudo codicioso o egoísta. Sin embargo, es una oportunidad más para que el Loco descubra nuevas formas de aprender y crecer.

Capítulo 17: Los arcanos mayores y los planetas

En el tarot, cada signo astrológico se corresponde con una carta de los arcanos mayores. A lo largo de este capítulo, hablaremos de los diez arcanos mayores regidos por planetas y de cómo estas cartas encarnan las características de los signos astrológicos. Este capítulo también le ayudará a obtener información sobre su signo solar, lunar y ascendente utilizando el tarot. Al final, deberá reunir valiosos conocimientos que le ayudarán a esbozar su personalidad utilizando la conexión entre la astrología y el tarot.

En astrología, los signos y significados asociados a los planetas tienen su origen en la mitología romana y griega. Estas correspondencias son una gran herramienta para conocer los rasgos y nociones clave asociados a cada planeta y al zodiaco. El conocimiento de los planetas puede ser utilizado en la lectura del tarot. Si es nuevo en el tarot, este capítulo le permitirá comprender la conexión entre los planetas y las cartas de los arcanos mayores.

Cartas de los arcanos mayores y planetas correspondientes

El Sol

El Sol simboliza la conciencia, la fama, la identidad, la individualidad, la vida, la positividad, el éxito y la victoria. La posición del Sol, y los signos del zodiaco en el momento de su nacimiento, determinan su signo solar. En el tarot, la carta del Sol representa la felicidad, el éxito y el reconocimiento. Se cree que es un buen augurio y un método de adivinación. La carta del Sol ayuda a predecir las cosas positivas, el éxito y los logros, que le llegarán en el futuro. El Sol simboliza la buena salud y la positividad.

La Suma Sacerdotisa - La Luna

La Luna corresponde a la Suma Sacerdotisa. La Luna se asocia tradicionalmente con la feminidad, los sueños y la creatividad. En muchas culturas, la Luna simboliza los sentimientos, las emociones, la reputación, las habilidades psíquicas y el subconsciente humano. En el tarot, la carta de la Suma Sacerdotisa se asocia con las emociones y la capacidad psíquica. Aunque la carta representa la intuición, también simboliza el engaño y los secretos. Encontrará que la Suma Sacerdotisa está conectada con la oscuridad y la noche, no como la Luna. Por ello, se asocia a menudo con las habilidades ocultas, la infidelidad y la información oculta. Como la Luna es visible por la noche, se relaciona sobre todo con el sueño, la creatividad y la imaginación. La Luna también simboliza los cangrejos, los océanos y el agua.

El Mago - Mercurio

El planeta Mercurio corresponde a la carta del Mago. El Mago representa la diplomacia, la empresa y el conocimiento. Como buen e ingenioso orador, el Mago destaca en la comunicación. Esta capacidad de hablar de forma lógica y reflexiva puede convertir al

Mago en un buen showman y un buen estafador. En la mitología griega, se cree que Mercurio es el dios de los ladrones y simboliza las redes sociales y la comunicación. Los rasgos clave asociados a Mercurio son el conocimiento, la creación de redes y los viajes. El planeta Mercurio es conocido como el regente planetario del signo ascendente y simboliza la forma de conectar con los demás.

La Emperatriz - Venus

El planeta Venus corresponde a la carta de la Emperatriz. Venus es una de las diosas griegas más queridas. Es adorada como la diosa del amor. En la mitología, los símbolos de Venus incluyen la faja, el mirto, la rosa y la concha. Venus representa el amor, las relaciones y el romance. En astrología, Venus representa la belleza, el deseo, la fertilidad, la armonía, el amor y la sexualidad.

Curiosamente, la Emperatriz en el tarot representa la armonía y la fertilidad, al igual que Venus. La carta de la Emperatriz suele predecir el inicio de una nueva relación, el embarazo y se asocia con el nacimiento de niños. Venus aparece en forma de la Emperatriz en el tarot, y es una carta que representa el equilibrio.

La Torre - Marte

Marte aparece como la carta de la Torre. Es conocido como el planeta de la agresión, la ira, la determinación, el impulso, la masculinidad, la guerra y la voluntad. Marte corresponde a la Torre en el tarot y representa la destrucción, la negatividad y las ruinas. Aunque Marte tiene algunos atributos positivos, a menudo se leen de forma bastante negativa. Las espadas, los escudos y las lanzas son símbolos de Marte. Soñar con estas cosas puede ser señal de futuros conflictos, problemas o discusiones. Marte puede utilizarse para reflejar su nivel de agresividad, su valentía y la rapidez con la que puede resolver sus problemas.

La Rueda de la Fortuna - Júpiter

El planeta Júpiter corresponde a la carta de la Rueda de la Fortuna. Se cree que Júpiter es el planeta de la suerte. Si el planeta aparece bien situado en la carta de alguien, significa que es naturalmente afortunado y bendecido con cosas buenas. Sin embargo, no significa que las encuentre sin esfuerzo. Por el contrario, el universo les empujará en la dirección correcta. Al igual que Júpiter, la Rueda de la Fortuna se asocia con la fortuna y la suerte. La carta también simboliza la confianza, la caridad y la expansión. El planeta Júpiter, al igual que la Rueda de la Fortuna, representa el liderazgo, la autoridad y el poder. Además de la predicción de la suerte, Júpiter también puede ayudar a revelar el destino y la suerte.

El Mundo - Saturno

El planeta Saturno aparece como el Mundo. Saturno corresponde a la carta del Mundo y representa las limitaciones, las restricciones y la responsabilidad. En la mitología, Saturno representa las cosas que deben hacerse, tanto si le apetece hacerlas como si no. Tradicionalmente, Saturno simboliza la autoridad, el sentido del deber y la responsabilidad. Ayudado por Saturno, puede revelar sus carencias, si está realmente satisfecho con el lugar que ocupa en su vida. También puede poner de manifiesto las responsabilidades que tiene y que rehúye. Al igual que Saturno, la carta del Mundo representa un cambio significativo en su vida al iniciar una nueva etapa y dejar atrás la anterior.

El Loco - Urano

El planeta Urano corresponde al Loco. Urano se asocia con el cambio, la individualidad, la originalidad y la tecnología. El planeta Urano representa el comienzo de la era de la tecnología y la revolución industrial. En el tarot, el Loco aconseja a los demás que apliquen el cambio en sus vidas. El Loco es representado como alguien volátil y difícil de precisar. La carta del Loco le dice que no quiere estar atado a algo para siempre. Al igual que el Loco, el planeta Urano representa la aversión a la responsabilidad y a alguien que encuentra la alegría en hacer sus propias cosas.

El Colgado - Neptuno

El planeta Neptuno simboliza los sueños, la intuición y la espiritualidad. En el tarot, Neptuno corresponde a la carta del Ahorcado. Si Neptuno está bien situado en la carta de alguien, significa que tiene el poder de la profecía y profundas habilidades psíquicas. Sin embargo, Neptuno también puede representar la claridad. Aunque se asocia principalmente con cualidades positivas, si Neptuno está mal colocado en la carta de alguien, puede significar que la persona puede tener dificultades para tomar decisiones. La carta del Colgado representa el despertar espiritual, los sueños y la intuición, al igual que el planeta Neptuno. Al igual que Neptuno, esta carta simboliza la incertidumbre y un mal sentido de la orientación.

El Juicio - Plutón

El planeta Plutón es conocido como el planeta del cambio, la renovación, el renacimiento y la transformación. En la mitología romana, se creía que Plutón encarnaba a Roma, el dios de la muerte, lo cual es apropiado, ya que la muerte es la portadora de la renovación y el renacimiento. Dado que Plutón fue descubierto recientemente, representa los nuevos comienzos y los grandes cambios que se avecinan en la vida. En el tarot, se cree que Plutón rige la carta del Juicio final. Ambos representan oportunidades de cambio en la vida y una intensa transformación.

Comprensión de los signos solares, lunares y ascendentes

En astrología, los signos del zodiaco junto con los cuerpos celestes comunican una firma única, conocida como carta natal. Esta firma cósmica única es un mapa que revela las posiciones de los planetas, el sol, la luna y las estrellas en el momento y lugar de nacimiento.

Los signos solares, lunares y ascendentes son los tres puntos planetarios principales que revelan su personalidad cotidiana. Otra cosa interesante a tener en cuenta es que cada signo astrológico corresponde a una carta de los arcanos mayores en el tarot. En esta sección se hablará de lo que sus signos solares, lunares y ascendentes dicen de usted y de qué cartas de los arcanos mayores corresponden a los signos astrológicos. ¿Están listos para este viaje intencional de autoexploración? Sin más preámbulos, empecemos por entender los signos solares, lunares y ascendentes.

Signo solar

Casi todo el mundo conoce su signo solar, ya que es el aspecto más discutido en astrología. El signo solar se encuentra dentro de un signo zodiacal específico en su carta natal. Habla de su identidad y de cómo se expresa. Representa la poderosa energía que le impulsa a buscar su verdadero yo y a expresarlo de la mejor manera posible. También representa la forma en que expresa su individualidad y cómo se presenta al mundo. En otras palabras, su signo solar es quien es en esencia.

Renovar su energía, socializar y relacionarse con la gente puede resultar muy útil. Si su signo solar es Cáncer, Piscis o Escorpio, experimentará una profunda motivación a través de los deseos emocionales y se sentirá recargado siendo meditativo y consciente. Si su signo solar es Capricornio, Tauro o Virgo, se sentirá recargado siendo productivo y comprometiéndose con el mundo físico para estimular sus sentidos. Estos signos son muy prácticos en la vida y están profundamente motivados por las necesidades materialistas. Si su signo solar es Sagitario, Leo o Aries, se siente recargado persiguiendo sus ambiciones y a través de la actividad física. Sus aspiraciones y objetivos le mantienen muy inspirado. Por último, si su signo solar es Acuario, Géminis o Libra, la mejor manera de recargarse es socializar y expresarse intelectualmente.

Signo lunar

Su signo lunar revela todo lo que siente. Se asocia con su ser emocional interno y con la forma en que maneja sus sentimientos. El signo lunar también representa su intuición, su subconsciente y su espiritualidad. Este aspecto de su vida suele estar oculto al mundo exterior y puede ser evidente solo para usted y sus allegados. Puede entenderse como su lado subconsciente que impulsa sus reacciones emocionales. Este signo puede ayudarle a comprender cómo recargar y alimentar sus emociones de forma saludable. Le ayuda a sentir las emociones de alegría, placer, pena y dolor.

Si la Luna en su carta natal se sitúa en Cáncer, Piscis o Escorpio, se sentirá alineado con el universo y con su ser interior mientras experimenta emociones profundas. Estos signos son sensibles a los cambios y pueden reaccionar emocionalmente cuando atraviesan un cambio. Si su signo lunar es Sagitario, Leo o Aries, se sentirá más alineado consigo mismo cuando haga algo con confianza. Demostrar fuerza y abstenerse de dudar de sí mismo puede ser satisfactorio para estos signos. Experimentar un cambio en la vida puede ser emocionante para usted y motivarle a actuar. Si su signo lunar es Capricornio, Virgo o Tauro, ser productivo y acercarse a los objetivos puede hacerle sentir más alineado con su ser interior. Estos signos reaccionan a las circunstancias cambiantes con estabilidad y firmeza. Si su signo lunar es Acuario, Géminis o Libra, está más alineado con su ser interior cuando interactúa con los demás y expresa sus ideas. Estos signos reaccionan al cambio con una evaluación y un discernimiento adecuados.

Signo ascendente

Por último, pero no menos importante, el signo ascendente es el signo que estaba presente en el horizonte oriental en el momento de su nacimiento. También conocido como signo naciente, revela cómo se refleja y proyecta en el mundo exterior. Es la forma en que se presenta ante los demás y cómo le percibe el mundo exterior. Su signo ascendente puede entenderse como su estilo aparente y su personalidad social. Representa su mundo interior y exterior.

Si su signo ascendente es Cáncer, Piscis o Escorpio, toma muchas decisiones basadas en sus emociones y se deja influir fácilmente por su entorno. Es común que las personas con estos signos sean empáticas y sensibles. Si su signo ascendente es Aries, Sagitario o Leo, posee una gran energía y vitalidad. Es una persona segura de sí misma, orientada a los objetivos, aunque a menudo es demasiado franca. Si su signo ascendente es Capricornio, Virgo o Tauro, significa que tiene un enfoque realista y firme de la vida. Por último, si su signo ascendente es Acuario, Géminis o Libra, usted es amistoso, inquisitivo y verbalmente expresivo.

Correspondencias de los arcanos mayores de los signos solares, lunares y ascendentes

Ahora que entendemos los significados asociados a los signos astrológicos y descubrimos sus tres grandes signos (solar, lunar y ascendente), es el momento de aplicar este conocimiento al tarot y descubrir más sobre usted en profundidad. En esta sección, aprenderá sobre las cartas del tarot correspondientes a los signos del zodiaco. A cada signo astrológico le corresponde una carta de los arcanos mayores. Para cada uno de sus signos solar, lunar y ascendente, podrá encontrar las cartas del tarot asociadas a ellos y comprender mejor lo que su firma cósmica dice de usted.

Aries - El Emperador

Al igual que el autoritario Emperador, Aries representa a un líder feroz, impulsivo pero equilibrado. Tanto el Emperador como Aries tienden a ser independientes, pero son acogedores al mismo tiempo.

Acuario - La Estrella

Acuario comparte la excentricidad de la Estrella. El creativo e innovador Acuario es capaz de pensar en el futuro. Su aspiración inspira a los demás. La exploración espiritual es algo natural para la Estrella y Acuario.

Cáncer - El Carro

Cáncer corresponde al Carro. Al igual que el movimiento de avance del Carro, Cáncer representa la fuerza de voluntad para seguir avanzando en la dirección correcta. El Carro y Cáncer simbolizan el control, las emociones y la victoria.

Capricornio - El Diablo

El trabajador Capricornio está emparejado con el Diablo. Los Capricornio pueden ser voluntariosos y trabajar duro para conseguir sus objetivos. Sin embargo, son propensos a convertirse en adictos al trabajo, cediendo a tentaciones mundanas u otras adicciones.

Géminis - Los Amantes

El dinámico Géminis ama seguir su pasión, al igual que los Enamorados. Géminis, como la carta de los Enamorados, representa la exploración y el amor propio.

Leo - La Fuerza

El poderoso y dominante Leo corresponde a la carta de la Fuerza. Esta carta simboliza la toma de control de su poder y fuerza. Ambos representan la exuberancia y la inmensa fuerza, que debe ser domada y controlada.

Libra - La Justicia

Al igual que la carta de la Justicia, Libra representa el mantenimiento del equilibrio, el fomento de la equidad y la decisión. Ambos simbolizan la comunicación sana.

Piscis - La Luna

Piscis corresponde a la carta de la Luna en el tarot. Dada la naturaleza profunda e imaginativa de Piscis, hace buena pareja con la misteriosa e intimidante Luna. La cualidad clave tanto de las piezas como de la Luna es escuchar la propia intuición.

Sagitario - La Templanza

La carta de la Templanza, paciente y moderada, está emparejada con la de Sagitario, justa y de mente abierta. La carta de la Templanza, al igual que Sagitario, muestra generosidad, sinceridad y amabilidad.

Escorpio - La Muerte

Escorpio coincide con la carta de la Muerte. Sus cualidades compartidas representan finales, transiciones y ciclos. Dan la bienvenida al cambio y no temen sustituir las cosas por otras nuevas.

Tauro - El Hierofante

El paciente y aterrizado Tauro coincide con la carta del Hierofante. Esta carta simboliza la conformidad, la institución y la tradición. La orientación es una cualidad clave que une a Tauro con el Hierofante.

Virgo - El Ermitaño

El práctico Virgo está emparejado con la carta del Ermitaño. La introspección profunda es una cualidad que se encuentra tanto en el Ermitaño como en Virgo. Son creativos, raramente tentados por el mundo exterior, y contentos en su situación.

Capítulo 18: Tiradas de tarot

En términos sencillos, una tirada de tarot se define como el número de cartas elegidas y la forma en que se abren ante usted. Revelan la respuesta a la pregunta planteada y le dan la capacidad de interpretar esas respuestas. A partir de una tirada del tarot, puede aprender a ver con claridad las circunstancias actuales, obtener información sobre las influencias del pasado y lo que le puede deparar el futuro. En cierto modo, las cartas del tarot forman un mapa que le ayudará a tomar las decisiones correctas independientemente de lo que ocurra o del momento, sin señalarle una dirección concreta. Este capítulo analiza las disposiciones más comunes de las cartas del tarot, incluyendo la tirada de una carta, la tirada de tres cartas, la tirada de la cruz celta y la tirada del zodiaco, enseñándole a dominarlas.

Aprender el arte de la lectura del tarot por sí mismo le reportará inmensos beneficios, ya que es gratuito y solo requiere un poco de práctica. En primer lugar, deberá comprender el significado de las diferentes cartas de los arcanos mayores y menores. A continuación, observe las cartas y téngalas en la mano siempre que tenga ocasión. Cuanto más utilice y maneje su baraja, más las cargará con su propia energía, haciendo que sus lecturas sean más específicas y fiables. Una vez que haya captado su esencia, con algo de creatividad, podrá formar cualquier tirada de tarot. Consultar el tema de su interés creará la atmósfera adecuada solo para la lectura, lo que le permitirá conectar con su energía. Quemar un poco de incienso, encender unas velas o incluso poner música suave son formas magníficas y eficaces de crear el ambiente para una lectura de tarot. Tanto si es un principiante como si es un lector avanzado, estos métodos pueden ayudarle a abrir su mente y a extender su energía hacia el exterior.

La tirada de una carta

Las tiradas de tarot de una carta son ideales para lecturas sencillas y rápidas. Le permiten conectarse con cada carta más profundamente haciendo solo unas pocas lecturas cortas al día. Si necesita una respuesta a una pregunta específica o alguna orientación general para el día que tiene por delante, una carta puede ser todo lo que necesita para ayudarle. Esta es también la mejor manera de introducir a los novatos en este tipo de adivinación.

Para empezar, tome su baraja y elija una de las 22 cartas de los arcanos mayores al azar. Sin mirarla, deje la carta boca abajo al principio del día y gírela al final del mismo. Reflexione sobre su día, relacionando sus experiencias con la carta que sacó. Intente recordar esta coincidencia y su estado de ánimo para futuras lecturas. Se recomienda repetir esta práctica durante 22 días y luego repetirla durante el mismo tiempo intentando adivinar la carta que ha sacado.

Una vez que haya aprendido a emparejar sus experiencias con cada carta, estará listo para hacer algunas preguntas a sus cartas. Recuerde que debe empezar con una pregunta que requiera un simple "sí" o "no" como respuesta, tras lo cual puede pasar a otras más complejas. Las tiradas avanzadas pueden llevar bastante tiempo para dominarlas, pero una vez que practique la tirada de una carta el tiempo suficiente, las tiradas complicadas serán más fáciles de dominar. Es fundamental despejar la mente para una lectura más precisa y solo entonces empezar a barajar la baraja. Mientras barajea las cartas, piense en la pregunta a la que busca respuesta. Elija cualquier carta de los arcanos mayores cuyo dorso le llame la atención y trate de interpretarla. Si la carta que ha elegido es el Mundo, el Sol, el Mago, la Templanza, la Fuerza, la Estrella o el Carro, entonces la respuesta a su pregunta es "sí". Por el contrario, sacar el Diablo, el Colgado, el Ermitaño, la Torre y la Luna, significará "no". Si la carta que ha salido es la de los Enamorados o la Rueda de la Fortuna, su pregunta no tiene respuesta, ya que estas dos representan la indecisión. Intente formular la pregunta de forma diferente o busque una respuesta de nuevo más tarde en el día. Con la práctica, podrá determinar una carta para cada día de la semana, mes y año.

En su lectura, puede preguntar sobre la experiencia que le espera en ese día. Si le espera un día difícil, una tirada de una carta puede mostrarle qué fuerzas reúne para ayudarle. Puede utilizar cualquier ocurrencia para ayudarse a sí mismo y a los demás. Esta es una buena manera de saber qué es lo que está llamado a compartir o expresar cada día, ya que puede reforzar su comunicación con los demás. También puede ayudarle a aumentar su confianza al descubrir qué parte de usted necesita más aceptación y amor y en qué punto se encuentra en su viaje de curación.

La tirada de tres cartas

Al igual que la tirada de una carta, la tirada de tres cartas también es ideal para preguntas sencillas, aunque es menos fácil para los principiantes. Dado que tendrá que seleccionar tres cartas de la baraja y asignarles tres significados, ya debería estar familiarizado con lo que representan las cartas. La forma más práctica de interpretar esas tres cartas es considerándolas una respuesta relacionada con su presente, pasado y futuro. Cuando elija sus cartas de la baraja, póngalas boca abajo con la carta del futuro colocada en el centro, ya que esta se ve muy afectada por las otras dos. La carta de la izquierda debe ser su carta del pasado, y la de la derecha debe significar el presente. Comience siempre su lectura con su experiencia pasada y termínela con las experiencias futuras.

Su pasado

Su carta del pasado puede envasarle la oportunidad de reflexionar sobre su pasado y descubrir cualquier cosa que pueda estar frenando la realización de todo su potencial. A veces, nos enfrentamos a emociones o lecciones intensas que no nos tomamos el tiempo de examinar de cerca. Ya sea que haya sucedido una semana o un año antes, puede haber algo que le mantenga inquieto.

De hecho, su pasado tiene una influencia significativa en su energía, y tendrá que resolverlo antes de poder avanzar con éxito. Precisamente por eso deberá comenzar su lectura con su carta del pasado. Solo después de haber dejado atrás las pruebas del pasado podrá centrarse en su presente y, sobre todo, en su futuro. Lo mejor es concentrarse más en su experiencia la semana anterior a la sesión para obtener una lectura más precisa.

Su presente

Después de haber sentado las bases con la comprensión del pasado, puede pasar a la carta del presente. Con esta carta podrá evaluar su situación actual y su estado de ánimo, lo que también puede darle una valiosa información sobre su salud mental. Aunque el pasado puede estar afectando a su presente, la solución para los problemas más antiguos suele encontrarse en el presente. Por ejemplo, puede que tenga un deseo profundo e insatisfecho del que no era consciente hasta que entró en contacto con sus emociones internas. Lo que sea que le haya hecho sentirse agotado puede resolverse ahora descansando. La primera parte de su resolución se le revelará a través de su carta presente, que le mostrará cómo iniciar su viaje. Es probable que la solución ya esté en su subconsciente, esperando a ser descubierta. En este caso, asegúrese de dirigir su energía hacia solo un par de días después de la lectura.

Su futuro

La última carta que ha sacado indica su futuro. En concreto, puede hacer que se centre en un acontecimiento que puede ocurrir la semana siguiente a la lectura. Después de identificar su problema y su solución en las cartas anteriores, la carta del futuro puede mostrarle cómo lograrlo. Superar los traumas y otras emociones negativas solo es posible una vez que se envasan las cosas correctas. Cuando trabajamos para conseguir un determinado objetivo, a menudo nos centramos en las cosas que no podemos hacer bien en lugar de las que sí podemos. Al mostrarle lo que le ha servido hasta entonces, la carta del futuro puede evitar que pierda el tiempo buscando las acciones necesarias para seguir adelante. Si se esfuerza más en dar solo los pasos más eficaces, tendrá más posibilidades de éxito. Sin embargo, estos pasos solo serán útiles si considera cuidadosamente las dos primeras cartas y las interpreta correctamente. De lo contrario, su futuro puede resultar diferente, a pesar de lo que le depare su carta correspondiente.

La tirada de la cruz celta

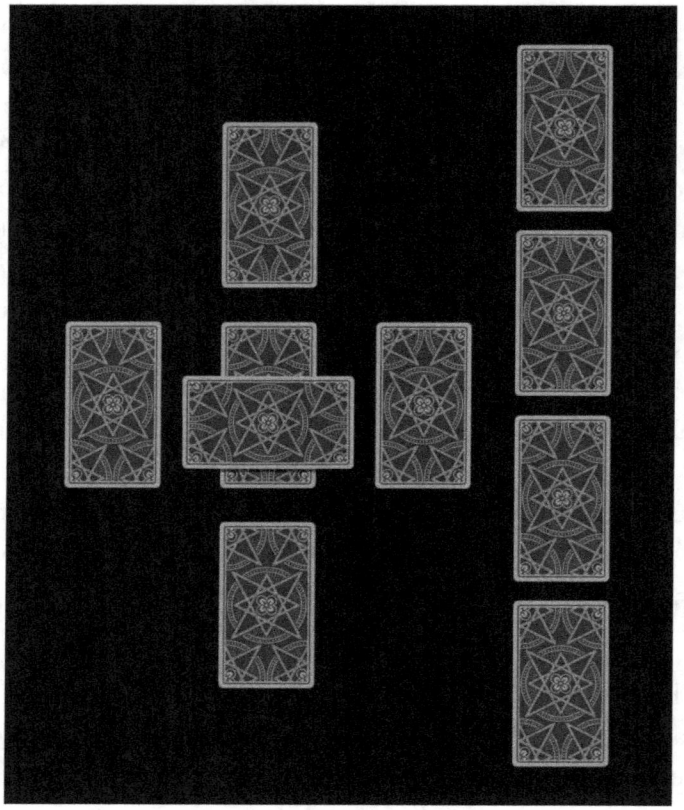

Tirada de la cruz celta

Después de practicar las tiradas básicas del tarot, también podrá aprender a realizar lecturas más avanzadas, como la tirada de la cruz celta. Dado que le proporciona un análisis detallado y técnicas de interpretación, su propósito principal es responder a una pregunta específica. La mayoría de las veces, nuestras emociones provienen de varias cuestiones. Las tiradas en cruz celta utilizan diez cartas de la baraja y, al leerlas una a una, puede interpretar y centrarse en un problema y una solución a la vez.

Coloque la primera carta en vertical en el centro de la mesa y ponga la segunda encima en horizontal. Los cuatro números siguientes deben colocarse alrededor de los dos primeros y leerse en el sentido de las agujas del reloj. Las cartas del 7 al 10 deben colocarse en orden descendente, a la derecha del resto de las cartas. Si está aprendiendo esta tirada, puede ser útil colocar las cartas boca abajo y revelarlas a medida que avanza. Sin embargo, pronto aprenderá que colocarlas todas boca arriba desde el principio puede ser igual de eficaz.

Interpretación de las cartas de la tirada de la cruz celta

1. **La persona en cuestión**: Normalmente, es la persona que busca respuestas y para la que se lee. Si esta persona no puede relacionarse con el significado de las cartas, es posible que la respuesta haya sido pensada para alguien cercano, como un amigo o un familiar.

2. **Una situación potencial**: Esta carta revela circunstancias significativas en la vida de una persona, esté o no relacionada con la pregunta que ha hecho. En cualquier caso, aparecerá un reto u obstáculo, junto con una posible solución.

4. **El fundamento básico**: Relacionado con la situación potencial y suele ser un posible acontecimiento de un pasado lejano. Esta influencia ayuda a determinar el problema principal y la resolución.

5. **Un acontecimiento reciente:** Aunque generalmente representa la influencia del pasado cercano, esta carta puede tener vínculos con la anterior. El problema actual puede ser causado por un antiguo trauma o no tener ninguna relación.

6. **El futuro próximo:** Esta carta muestra cómo evolucionará la situación potencial en las próximas semanas o meses. También puede revelar un acontecimiento totalmente ajeno y tener un gran significado para la persona que consulta.

7. **El problema actual:** Si desea saber si la situación está a punto de resolverse, esta carta puede ayudarle a averiguarlo. Tanto si el resultado esperado es positivo como si es negativo, verá cuál es su posición en el presente.

8. **Otras influencias:** Esta carta revela cómo las personas con las que se rodea influyen en su situación. Su energía puede tener un impacto en el posible resultado de tu asunto. Sin embargo, conocer esto puede ayudarle a retomar el control.

9. **Resolución interna**: Como sus emociones tienen un enorme impacto en sus acciones, revelarlas puede ayudarle a encontrar una resolución antes. Aquí podrá ver si hay algún conflicto entre sus deseos conscientes y subconscientes.

10. **Emociones conflictivas:** Estén o no muy arraigados, sus miedos y esperanzas pueden estar en conflicto, impidiéndole encontrar una solución eficaz a su problema. Puede esperar un resultado y temerlo al mismo tiempo.

11. **Posible resultado**: Después de analizar todas las demás cartas, esta última puede presentar la pieza final del rompecabezas. Si ha interpretado correctamente las cartas anteriores, esta debería mostrarle una solución a largo plazo, que se extiende hasta un año en el futuro.

La tirada del zodiaco

Tirada del zodiaco

Si tiene poca experiencia con las tiradas sencillas del tarot, pero no está preparado para probar la tirada de la cruz celta, considere la posibilidad de explorar la tirada del zodiaco. A pesar de utilizar 12 cartas, esta tirada es más fácil de comprender que la anterior. Por lo general, es una tirada excelente para utilizar en lecturas holísticas cuando se tienen preguntas más profundas que explorar. Dado que la tirada del Zodiaco proporciona respuestas a preguntas generales, aunque importantes, esta lectura se realiza mejor en ocasiones en las que se encuentra en una encrucijada en su vida.

Aunque hay muchas formas de realizar e interpretar una lectura de la tirada del zodiaco, la mayoría utiliza doce cartas, cada una de las cuales representa una casa del mapa del zodiaco. Después de aclarar su mente, infunda su energía en las cartas mientras las baraja, y debe visualizar su pregunta. Coloque la primera carta a su izquierda, en la posición de las 9, y siga con el resto en sentido contrario a las agujas del reloj hasta completar el círculo. En ocasiones, se añade una decimotercera carta en el centro de la tirada. Sin embargo, esto puede complicar un poco la lectura. Por lo tanto, si es nuevo en esto, se recomienda empezar con la tirada de 12 cartas.

Las 12 casas de la tirada del tarot del zodiaco son las siguientes:

1. **La primera casa:** Esta casa representa su estado de ánimo y su visión general de la vida. Además de mostrarle cómo le ven los demás, incluido su aspecto físico, esta carta también puede darle una idea de cómo se ve a sí mismo.

2. **La segunda casa:** Esta carta muestra su relación con su vida profesional y su autoestima y puede ayudarle a establecer sus prioridades con mayor claridad. También puede revelar si tiene un potencial oculto que puede explorar para ganar más dinero.

12. **La tercera casa:** Esta casa puede ayudarle a explorar su entorno general, como su lugar de trabajo o su entorno social. Además, abarca sus relaciones con las personas que conoce a diario, pero que no son cercanas emocionalmente.

13. **La cuarta casa:** Esta casa muestra su conexión con las personas cercanas a usted. Su pareja, sus hijos o sus padres aparecerán aquí, así como la estabilidad de su relación con ellos.

14. **La quinta casa:** La casa de su creatividad revela lo que disfruta en la vida. También muestra cómo utiliza su lado creativo para resolver las situaciones problemáticas que surgen en su vida.

15. **La sexta casa:** Esta carta puede resaltar áreas negativas en su salud e indicar la necesidad de un cambio. Ya sea que deba prestar atención a una nutrición más

saludable, a un mejor descanso o a la higiene personal, puede encontrar la respuesta aquí.

16. **La séptima casa:** Esta es la casa de las relaciones de pareja, tanto legales como personales. Se puede aprovechar para encontrar una pareja adecuada, ya sea por interés romántico, en los negocios, o simplemente una amistad.

17. **La octava casa:** Esta es la carta que revela todos sus secretos. Todo aparecerá aquí, desde el dolor por el fallecimiento de sus familiares o algo inesperado de lo que prefiere no hablar.

18. **La novena casa:** Esta carta puede revelar su verdadero potencial y todas las formas en que puede crecer como ser humano. Abarca cosas como que puede ganar más dinero, pero puede ayudar a realizar otros sueños, como viajar.

19. **La décima casa:** Al igual que la carta anterior, esta casa también le ayuda a realizar todo su potencial, solo que en ámbitos más profesionales. Puede mostrarle los objetivos profesionales que debe fijarse y el tipo de imagen pública que debe mostrar.

20. **La undécima casa:** Esta es la casa de la generosidad hacia las personas de su vida. Se centra en mostrarle cuánta empatía tiene hacia los demás y cómo le ven ellos como resultado.

21. **La doceava casa:** Todas las emociones negativas con las que no ha lidiado (pero que aún acechan en su subconsciente) se revelarán en esta casa. La carta también muestra cómo estos pensamientos le limitan para ser la mejor versión de sí mismo.

Conclusión

Como ya debe saber, la astrología es un tema fascinante que tiene el poder de cambiar la vida de una persona. La posición de las estrellas y la alineación con determinados planetas ponen de relieve la vida de un individuo, su personalidad, su bienestar, sus pensamientos internos y su intuición. La astrología implica que un individuo está en sintonía con el universo y sobrevive en armonía. Ahora que ha aprendido todo sobre la astrología y sus implicaciones en los signos del zodiaco, el tarot, los planetas y la numerología, es el momento de experimentar los efectos y traer un cambio positivo en su vida.

Para terminar, veamos brevemente los temas que hemos tratado a lo largo del libro y apliquémoslos para empezar a ver cambios positivos.

Los planetas y sus respectivos signos juegan un papel importante en nuestras vidas al desentrañar nuestra verdadera personalidad y guiarnos en el camino hacia la iluminación. La forma en que los planetas están posicionados se expresa a través de las cartas natales. También se llaman cartas astrales y revelan tus tendencias y deseos ocultos. Los diez planetas en el ámbito de la astrología son el Sol, la Luna, Mercurio, Venus, Marte, Júpiter, Saturno, Urano, Neptuno y Plutón. Cada uno de ellos representa un signo del zodiaco, concretamente Aries, Tauro, Géminis, Cáncer, Leo, Virgo, Libra, Escorpio, Sagitario, Capricornio, Acuario y Piscis. Estos 12 signos del zodiaco se dividen a su vez en cuatro grupos elementales, que son: tierra, fuego, agua y aire.

La astrología del signo solar tiene en cuenta la posición del Sol para determinar el signo de una persona. Se descifra la ubicación del signo zodiacal para encontrar su signo solar. Los doce signos del zodiaco mencionados anteriormente se dividen en meses específicos basados en la posición del sol. Cada uno de los signos del zodiaco tiene también distintos planetas regentes. Además, cada signo solar corresponde a una parte de cada estación, que se denominan modalidades. Independientemente de la estación o la época del año, ciertos signos del zodiaco comparten rasgos similares, ya que caen bajo la misma modalidad. Estos signos solares también presentan cuatro variantes del tipo de personalidad: sanguíneo, colérico, melancólico y flemático.

La astrología de los signos lunares suele ser ignorada debido a la carga impuesta por los signos solares. Sin embargo, como todo cuerpo celeste que juega un papel importante en la astrología, la Luna también rige y controla algunos signos del zodiaco. La Luna representa las intenciones ocultas de un individuo, sus emociones más profundas y sus sentimientos más íntimos. En otras palabras, son los sentimientos que uno es incapaz de procesar y expresar. Si se siente incomprendido, es posible que su luna y su sol no cooperen. El lado sensible de los signos del zodiaco es interpretado por la energía de la luna en los respectivos grupos, lo que da lugar a los signos del zodiaco emocionales.

La numerología es el estudio de los números con valores significativos que examinan claramente las características de los individuos. También se utilizan en el mundo de la astrología para derivar nuevos conceptos e ideas. Sus rasgos principales, pensamientos, sentimientos y la llamada del alma apuntan a un conjunto específico de números, que son significativos para su ser.

Estos números se denominan números de la "suerte". Aunque a todos los signos del zodiaco se les asignan determinados números en función de sus rasgos colectivos, cada persona puede tener un número diferente que describa mejor su esencia. Puede estudiar los números y compararlos con su propia personalidad basándose en los números pares, impares y maestros.

Su personalidad y su número del corazón pueden ser calculados utilizando la ciencia de la numerología y considerando su personalidad. Consulte la tabla y las pautas de nuevo para descubrir su número de personalidad basado en su nombre. Estos números representan su verdadera personalidad, sus rasgos, su corazón y su vocación interior. El poder de los números es tal que pueden revelar su comportamiento exterior y el deseo de su corazón. La interpretación de sus números de personalidad y de corazón le ayudará a darse cuenta de su verdadero propósito y le pondrá en el camino correcto. Y lo que es más importante, le dará valor y le motivará para alcanzar sus objetivos y cumplir su propósito final.

La lectura de las cartas del tarot es el arte de leer y descifrar un conjunto de cartas ilustradas que representan la verdadera personalidad de una persona, sus intenciones ocultas y su trayectoria vital. Una baraja de tarot estándar contiene 78 cartas divididas en dos grupos, es decir, los arcanos mayores y los arcanos menores. Mientras que las cartas de los arcanos mayores simbolizan la personalidad y los rasgos principales de una persona, las cartas de los arcanos menores revelan sus encuentros y experiencias en el día a día. Esto les ayuda a entender el panorama general mientras actúan hacia un cambio positivo de forma incremental. El conjunto de arcanos mayores es una baraja de 22 cartas numeradas, y el conjunto de arcanos menores contiene 56 cartas divididas en cuatro palos, las varitas, los pentáculos, las espadas y las copas. Puede dominar el arte de la lectura de las cartas del tarot practicando diferentes tiradas, diferentes formas de echar las cartas del tarot y su apertura para la lectura.

Los cuatro atributos y sus cartas de tarot representan los respectivos signos del zodiaco y revelan verdades ocultas. Como ha aprendido, los cuatro atributos de los signos son fuego, tierra, aire y viento, y se les asigna un conjunto de cartas que se asemejan a ellos. Cada carta se representa como uno de estos elementos naturales y resuena con determinados signos del zodiaco. Puede comparar y relacionar su signo del zodiaco con su carta del tarot para analizar su personalidad en un nivel más profundo. Mientras que algunas cartas del tarot se superponen con ciertos signos del zodiaco, la mayoría de ellos se asignan a los arcanos mayores y menores específicos para una mejor comprensión.

El tarot y los números también están estrechamente relacionados, y su influencia está entrelazada. Cada carta de los arcanos mayores y menores está dedicada a números específicos que se colocan en orden. Si necesita reforzar su práctica de lectura de cartas del tarot, lea e interprete los números para reforzar su arte.

Aquí hay una referencia del diccionario de glifos para los signos del zodiaco y los planetas para una mejor comprensión.

Signos del zodiaco

♈	Aries	♎	Libra
♉	Tauro	♏	Escorpio
♊	Géminis	♐	Sagitario
♋	Cáncer	♑	Capricornio
♌	Leo	♒	Acuario
♍	Virgo	♓	Piscis

Planets

☉	Sol	♃	Júpiter
☽	Luna	♄	Saturno
☿	Mercurio	♅	Urano
♀	Venus	♆	Neptuno
♂	Marte	♇	Plutón *

Si bien la astrología tiene el poder de alterar y mejorar la vida de una persona, la única trampa es aprender la forma correcta de hacerlo. Ahora tiene todo el conocimiento que necesita para comenzar su viaje de exploración espiritual. Si se ha beneficiado de este conocimiento, por favor, compártalo a su alrededor con amigos y familiares, ayudando a sus seres queridos a buscar también este camino de forma positiva. ¡Buena suerte! Como se ha comprobado, esta información puede ayudarle a llevar una vida feliz y a ponerse en contacto con su verdadera vocación.

Vea más libros escritos por Silvia Hill

Referencias

Campbell, C. (2014, 16 de agosto). Una breve introducción a la astrología. Extraído del sitio web Com.au: https://www.introinto.com.au/a-brief-introduction-to-astrology/

Groom, C. J. (n.d.). Una introducción a la astrología y a los signos del zodiaco. Extraído del sitio web Westwoodhorizon.com: https://westwoodhorizon.com/2018/10/an-introduction-to-astrology-and-zodiac-signs/

Hammonds, O. (2014, 5 de agosto). 3 beneficios de la astrología. Extraído del sitio web 3Benefitsof.com: https://www.3benefitsof.com/3-benefits-of-astrology/

Introducciones a la astrología. (2020). La astrología en el mundo medieval (pp. 814–817). De Gruyter.

Logan, J. (2017). Fundamentos de la astrología: Una guía de referencia rápida. Jayne Logan.

Como es arriba, es abajo: astrología para Acuario. (n.d.). Extraído del sitio web Astrologyforaquarius.com: https://astrologyforaquarius.com/articles/363/as-above-so-below/

Planetas astrológicos y sus significados, símbolos de los planetas y ficha de trucos. (2018, 27 de enero). Extraído del sitio web Labyrinthos.com: https://labyrinthos.co/blogs/astrology-horoscope-zodiac-signs/astrology-planets-and-their-meanings-planet-symbols-and-cheat-sheet

AstroTwins. (2013, 19 de octubre). Las 12 casas de la rueda del horóscopo. Extraído del sitio web Astrostyle.com: https://astrostyle.com/learn-astrology/the-12-zodiac-houses/

Kahn, N. El planeta regente de su signo zodiacal y cómo le afecta. Extraído del sitio web Bustle.com: https://www.bustle.com/life/ruling-planet-zodiac-sign-meaning-astrology

Planetas Signos y Casas - información astrológica. (2013, 4 de enero). Extraído del sitio web Thejewelledsky.com: https://thejewelledsky.com/articles/planets/

Equipo Jothishi. (2019, 29 de noviembre). Clasificación del conocimiento astrológico - historia, significado y más - jothishi. Extraído del sitio web Jothishi.com: https://jothishi.com/classification-of-astrological-knowledge-history-significance-and-more/

(N.d.). Recuperado del sitio web Costarastrology.com: https://www.costarastrology.com/natal-chart/

12 signos zodiacales de la astrología fechas, significados y compatibilidad. (n.d.). Extraído del sitio web: Astrology-zodiac-signs.com: https://www.astrology-zodiac-signs.com/

FrancosWriter, E., & 04/02/, Z. (2021, 2 de abril). Significado del signo solar: Qué significa el sol para su signo del zodiaco. Extraído del sitio web Yourtango.com: https://www.yourtango.com/2019328837/what-your-sun-sign-means-astrology

Goodman, L. (2006). Signos solares. Edimburgo, Escocia: George G. Harrap.

Hall, M. (n.d.). El signo solar. Extraído del sitio web Liveabout.com: https://www.liveabout.com/the-sun-sign-206735

Naylor, R. H. (2014). Astrología casera: Un esquema no técnico de la tradición astrológica popular. Autorización literaria.

Rocks, D. (2019, 25 de septiembre). ¿Qué es un signo solar? Descubra su propósito. Recuperado del sitio web: Com.au: https://www.starslikeyou.com.au/what-is-a-sun-sign/

Fenton, S. (1992). Signos ascendentes. Londres, Inglaterra: Thorsons.

Maria. (2020, 8 de octubre). ¿Cuál es su signo ascendente y qué significa? Extraído del sitio web: Trusted-astrology.com: https://trusted-astrology.com/how-does-your-ascendant-sign-affect-you/

Marie, A. (n.d.). Signo naciente - Ascendente. Extraído del sitio web Astrosofa.com: https://www.astrosofa.com/astrology/ascendant

Pemberton, B. (2021, 6 de mayo). ¿Cuál es mi signo ascendente y qué significa?. El Sol. Extraído de: https://www.thesun.co.uk/fabulous/horoscopes/5621885/rising-sign-horoscope-calculate-meaning-star-sign-personality/

Sargent, C. (1990). La astrología de los signos ascendentes. Londres, Inglaterra: Rider.

Secrets, M. A. ((2019, 4 de octubre). Símbolos de textos del zodiaco - no son emojis - mis astrosecretos. Recuperado del sitio web Myastrosecrets.com: Myastrosecrets.com website: https://myastrosecrets.com/zodiac-text-symbols-not-emoji/

Angel, J. (2015, 6 de abril). ¿Cual es su modo de acción emocional? Harper's BAZAAR. https://www.harpersbazaar.com/horoscopes/a10491/whats-your-emotional-mode-of-operation/

Equilibrando la luz y la oscuridad: entendiendo su Sol y su Luna en la astrología. (n.d.). Byrdie. https://www.byrdie.com/astrology-sun-and-moon-5086414

Cafe Astrology .com. (2021, 14 de marzo). La Luna en la Astrología/Zodiaco. https://cafeastrology.com/moon.html

Kahn, N. (2020, 23 de julio). ¿Cómo la astrología de cada planeta afecta directamente a cada signo del zodiaco?. Bustle. https://www.bustle.com/life/how-each-planets-astrology-directly-affects-every-zodiac-sign-13098560

Calculadora de signos lunares, astrología fase lunar horóscopo lunar en línea. (n.d.). Astro-Seek.Com. https://horoscopes.astro-seek.com/which-moon-phase-was-i-born-under-calculator

Colaborador, G. (2020, 23 de noviembre). ¿Qué es la numerología? ¿Cómo puede cambiar su vida? Los tiempos de la India. https://timesofindia.indiatimes.com/astrology/numerology-tarot/what-is-numerology-how-it-can-change-your-life/articleshow/79314743.cms?from=mdr

Hurst, K. (2017, 18 de diciembre). Numerología: ¿Qué es la numerología? ¿Y cómo funciona? La ley de la atracción. https://www.thelawofattraction.com/what-is-numerology/

J, S. (2021, 30 de marzo). ¿Cómo funciona la numerología con la astrología? LA MENTE ES EL MAESTRO. https://mindisthemaster.com/astrology-and-numerology/

Numerología: historia, orígenes y más - Astrology.com. (n.d.). Astrología. https://www.astrology.com/numerology

Características de los números de la numerología. Aprende lo que significan sus números. (n.d.). Mírate. Sé tú. https://seeyoubeyou.com/pages/numbers

Números del destino. (s.f.). Extraído del sitio web Prokerala.com: https://www.prokerala.com/numerology/destiny-numbers.htm

Felicia. (2017, 23 de marzo). Lo que revela su número de destino sobre el propósito de su vida. Extraído del sitio web Feliciabender.com: https://feliciabender.com/the-destiny-or-expression-number/

GOSTICA. (2017, 23 de marzo). ESTO es lo que dice su número del destino sobre su vida. Extraído del sitio web Gostica.com: https://gostica.com/spiritual-lifestyle/destiny-number-saying-life/

McClain, M. (s.f.). Numerología - el nombre de nacimiento. Extraído del sitio web Astrology-numerology.com: http://astrology-numerology.com/num-birthname.html

Coughlin, S. (2021, 19 de enero). Su número de trayectoria vital es más que un tipo de personalidad. Extraído del sitio web Refinery29.com: https://www.refinery29.com/en-us/life-path-number-numerology-meaning

Faragher, A. K. (2020, 10 de abril). Numerología 101: Cómo calcular los números del camino de la vida y del destino. Extraído del sitio web de Allure: https://www.allure.com/story/numerology-how-to-calculate-life-path-destiny-number

Hurst, K. (2015, 15 de diciembre). Calculadora de numerología: Su número de trayectoria vital y su significado. Extraído del sitio web Thelawofattraction.com: https://www.thelawofattraction.com/life-path-number-challenges/

The Cut. (2020, 14 de mayo). ¿Cuál es su número de ruta vital? Extraído del sitio web Thecut.com: https://www.thecut.com/article/life-path-number.html

Adams, A. (n.d.). Número de personalidad: lo que los demás ven cuando le conocen. Extraído de: https://thesagedivine.com/personality-number/

Decoz, H., y la numeralogía mundial. (2001, 1 de septiembre). Haga su propia lectura de numerología - La personalidad. Extraído del sitio web: https://www.worldnumerology.com/Do-reading-numerology-02-Personality.html

D Descubra su número de personalidad | calculadora de numerología. (n.d.). Extraído del sitio web: https://mattbeech.com/numerology/personality-number/

Adams, A. (s.f.). Número del deseo del corazón / impulso del alma | significados, cálculos y más. Obtenido de: https://thesagedivine.com/hearts-desire-number/

Número del deseo del corazón - centro de numerología. (n.d.). Extraído del sitio web Numerology.center: http://numerology.center/heart_desire.php

El número del deseo del corazón. (2009, 30 de julio). Extraído del sitio web Tsemrinpoche.com: https://www.tsemrinpoche.com/tsem-tulku-rinpoche/numerology/the-hearts-desire-number.html

Breve historia de las cartas del tarot - artículos. (n.d.). Extraído del sitio web Bicyclecards.com: https://bicyclecards.com/article/a-brief-history-of-tarot-cards/

Brigit. (2018, 9 de mayo). ¿Qué son las cartas del tarot? + ¿Cómo funcionan? Extraído del sitio web Biddytarot.com: https://www.biddytarot.com/what-is-tarot-how-does-it-work/

Significados de las cartas del tarot. (2011a, 15 de diciembre). Extraído del sitio web Biddytarot.com: https://www.biddytarot.com/tarot-card-meanings/major-arcana/

Significado de las cartas del tarot. (2011b, 18 de diciembre). Extraído del sitio web Biddytarot.com: https://www.biddytarot.com/tarot-card-meanings/minor-arcana/

Personal de tarot.com. (2019, 25 de febrero). Los significados de las cartas del tarot de los arcanos mayores. Extraído del sitio web de Tarot.com: https://www.tarot.com/tarot/cards/major-arcana

(N.d.). Recuperado del sitio web Squarespace.com: https://static1.squarespace.com/static/5a07aca112abd96680bdc6fa/t/5b1d983d8a922ddcbe3a0ac4/1528666185262/MAJOR+%26+MINOR+ARCANA+QUICK+REFERENCE+SHEET.pdf

Coryna, O. (2020, 22 de noviembre). La energía de Sagitario y la carta de la Templanza. Recuperado de Lilithastrology.com

Faragher, A. K. (2021, 28 de abril). La personalidad de un Aries, explicada. Extraído del sitio web de Allure: https://www.allure.com/story/aries-zodiac-sign-personality-traits

Significado de la carta del tarot del rey de bastos - visión acuariana. (2013, 1 de diciembre). Extraído del sitio web Aquarianinsight.com: https://www.aquarianinsight.com/tarot-card-meanings/minor-arcana/suit-of-wands/king-of-wands/

Philips, S. (2019, 28 de abril). Cartas de tarot para cada signo del zodiaco. Extraído del sitio web Tarot.com: https://www.tarot.com/astrology/tarot-cards

SawyerAutor, A., y 12/28/, Z. (2018, 28 de diciembre). ¿Qué cartas del tarot representan cada uno de los signos del zodiaco en la astrología? Recuperado del sitio web Yourtango.com: https://www.yourtango.com/2018317524/how-tarot-cards-and-astrology-zodiac-signs-are-connected

Steve. (2019, 4 de diciembre). ¿Qué carta del tarot representa a Leo? Extraído del sitio web Vekkesind.com: https://vekkesind.com/what-tarot-card-represents-leo/

Steve. (2020, 28 de enero). ¿Que carta del tarot se asocia con Aries? Extraído del sitio web Vekkesind.com: https://vekkesind.com/what-tarot-card-is-associated-with-aries/

Significados de las cartas del tarot. (2011, 15 de diciembre). Extraído del sitio web Biddytarot.com: https://www.biddytarot.com/tarot-card-meanings/minor-arcana/suit-of-wands/

Personal de tarot.com. (2016, 14 de julio). El sabor del tarot: Fuerza y Leo. Extraído del sitio web de Tarot.com: https://www.tarot.com/tarot/strength-tarot-card-leo-zodiac-sign

Los signos de tierra le inspirarán con su carácter terrenal.(2020, 12 de agosto). Extraído del sitio web Cosmopolitan.com: https://www.cosmopolitan.com/lifestyle/a33588028/earth-signs-astrology/

Caballero de los pentáculos: Significados de amor ascendente y descendente y más. (n.d.). Extraído del sitio web Kasamba.com: https://www.kasamba.com/tarot-reading/decks/minor-arcana/knight-of-pentacles-card/

Paje de pentáculos: Significados de amor rectos e invertidos y más. (n.d.). Extraído del sitio web Kasamba.com: https://www.kasamba.com/tarot-reading/decks/minor-arcana/page-of-pentacles-card/

PSA: Su signo del zodiaco tiene su propia carta de tarot. (2020, 25 de marzo). Extraído del sitio web Cosmopolitan.com: https://www.cosmopolitan.com/lifestyle/a31913908/tarot-cards-zodiac-signs-astrology/

Slozberg, M. (2020, 4 de abril). 10 cartas del tarot que representan a los signos de tierra. Extraído del sitio web Thetalko.com: https://www.thetalko.com/tarot-cards-that-represent-earth-signs/

Virgo a través de los ojos del tarot. (2016, 15 de octubre). Recuperado del sitio web Tarotelements.com: https://tarotelements.com/virgo-through-the-eyes-of-tarot/

Los signos de aire pueden hablar, pensar y relacionarse más rápido que el viento. (2020, 14 de julio). Extraído del sitio web Cosmopolitan.com: https://www.cosmopolitan.com/lifestyle/a33314375/air-signs-astrology/

Cabral, C. (s.f.). Los 10 rasgos fundamentales de Libra y los mejores consejos para los Libra. Extraído del sitio web Prepscholar.com: https://blog.prepscholar.com/libra-traits-personality

Mukomolova, G. (2018, 28 de septiembre). ¿Qué cartas del tarot corresponden a sus signos del zodiaco? Extraído del sitio web Nylon.com: https://www.nylon.com/articles/what-tarot-cards-zodiac-signs

Steve. (2019, 17 de diciembre). ¿Qué carta del tarot representa a Géminis? Extraído del sitio web Vekkesind.com: https://vekkesind.com/what-tarot-card-represents-gemini/

Personal de tarot.com. (2018a, 15 de enero). El placer del tarot: Acuario y La Estrella. Extraído del sitio web de Tarot.com: https://www.tarot.com/tarot/star-tarot-card-aquarius-zodiac-sign

Personal de Tarot.com. (2018b, 25 de septiembre). Una muestra del tarot: La Justicia y Libra. Extraído del sitio web de Tarot.com: https://www.tarot.com/tarot/justice-tarot-card-libra-zodiac-sign

El palo de espadas del tarot significados e interpretación. (2014, 3 de abril). Extraído del sitio web Sunsigns.org: https://www.sunsigns.org/tarot-suit-of-swords-minor-arcana/

(N.d.). Extraído de Gyanswers.com

Cabral, C. (s.f.). Los 10 rasgos de personalidad de Escorpio que hay que conocer. Extraído del sitio web Prepscholar.com: https://blog.prepscholar.com/scorpio-personality-traits

Carrillo, G. J. R. (2017). El rey de copas. En A. M. G. López y A. Farnsworth-Alvear (Trans.), El lector de Colombia (pp. 113-117). Editorial de la Universidad de Duke.

Cuadernos de tarot DLC. (2019). Página de copas: Cuaderno de bitácora del tarot, registra e interpreta las lecturas, cuaderno rayado diario para los amantes del tarot. Publicado de forma independiente.

Douglas, M. (s.f.). Los 6 rasgos fundamentales de Piscis, explicados. Extraído del sitio web Prepscholar.com: https://blog.prepscholar.com/pisces-traits

Significado de las cartas del tarot del caballero de bastos. (2011, 22 de diciembre). Extraído del sitio web Biddytarot.com: https://www.biddytarot.com/tarot-card-meanings/minor-arcana/suit-of-wands/knight-of-wands/

Tarot de la Mantis. (2020, 4 de septiembre). El carro y el cáncer: El poder de las aguas en movimiento. Extraído del sitio web Mantistarot.com: https://mantistarot.com/2020/09/03/the-chariot-cancer-the-power-of-moving-waters/

Significado de las cartas del tarot. (2011, 15 de diciembre). Extraído del sitio web Biddytarot.com: https://www.biddytarot.com/tarot-card-meanings/minor-arcana/suit-of-cups/

Personal de tarot.com. (2016, 17 de febrero). El sabor del tarot: Piscis y La Luna. Extraído del sitio web de Tarot.com: https://www.tarot.com/tarot/moon-tarot-card-pisces-zodiac-sign

Wen, B. (2019, 29 de octubre). La carta de la Muerte en el tarot y la estación de Escorpio - Libros del Atlántico Norte. Recuperado del sitio web Costarastrology.com: https://www.northatlanticbooks.com/blog/tarots-death-card-the-season-of-scorpio/

(N.d.). Retrieved from Costarastrology.com website: https://www.costarastrology.com/zodiac-signs/cancer-sign

Brigit. (2016, 13 de enero). El tarot por números: Una forma rápida y sencilla de conocer las cartas con la numerología. Extraído del sitio web Biddytarot.com: https://www.biddytarot.com/tarot-by-numbers/

Numerología del tarot. (n.d.). Extraído del sitio web Thethreadsoffate.com: https://www.thethreadsoffate.com/blogs/news/numerology-of-tarot

Tarot y numerología - Arcanos menores del as al diez - estudio del tarot. (2015, 1 de julio). Extraído del sitio web Tarot-study.info: https://tarot-study.info/articles/tarot-numerology-minor-arcana-ace-to-ten/

Tarot y numerología: ¿Qué significan los números en el tarot para los arcanos menores? (Infografía). (2016, 14 de noviembre). Extraído del sitio web Labyrinthos.com: https://labyrinthos.co/blogs/learn-tarot-with-labyrinthos-academy/tarot-and-numerology-what-do-numbers-in-tarot-mean-for-the-minor-arcana-infographic

Personal de Tarot.com. (2019, 2 de mayo). Los arcanos menores: Significados detrás de las cartas numéricas. Recuperado del sitio web de Tarot.com: https://www.tarot.com/tarot/meaning-of-numbers-in-minor-arcana

Los arcanos menores: cómo los números y los elementos dan significado al tarot. (n.d.). Extraído del sitio web Gaia.com: https://www.gaia.com/article/the-minor-arcana-how-numbers-and-elements-give-tarot-meaning

El Equipo de Numerólogos. (2010, 13 de febrero). La numerología y las cartas de los arcanos menores del tarot - numerologist.Com. Extraído del sitio web Numerologist.com: https://numerologist.com/numerology/numerology-and-the-tarot/

Chris, & Styles, S. (2020, 12 de junio). Significados numerológicos de los Arcanos Mayores del Tarot. Extraído del sitio web 365Pincode.com: https://365pincode.com/numerology-meanings-of-tarot-major-arcana/

Correspondencias de los arcanos mayores. (2018, 17 de agosto). Recuperado del sitio web Tarotelements.com: https://tarotelements.com/major-arcana-correspondences/

Meg. (2010, 25 de marzo). Atributos numerológicos y astrológicos de los arcanos mayores. Extraído del sitio web Padmes.com: https://padmes.com/2010/03/numerological-astrolgical-attributes-of-the-major-arcana/

La historia detrás de los arcanos mayores del tarot refleja la experiencia humana. (n.d.). Extraído del sitio web Gaia.com: https://www.gaia.com/article/journey-of-the-tarot-how-major-arcana-meanings-mirror-the-soul

Boswell, L. (2017, 28 de agosto). Las correspondencias de los planetas en la astrología y el tarot - Lisa Boswell. Extraído del sitio web Divinationandfortunetelling.com: https://divinationandfortunetelling.com/articles/2017/8/28/planet-correspondences-in-astrology-tarot-and-divination

Mantis Tarot. (2020, 20 de abril). La astrología de los arcanos mayores: Los planetas. Extraído del sitio web Mantistarot.com: https://mantistarot.com/2020/04/20/the-astrology-of-the-major-arcana-the-planets/

Media, H. (s.f.). El tarot y las correspondencias planetarias. Extraído del sitio web Voxxthepsychic.com: https://voxxthepsychic.com/tarotplanets.html

Tirada del tarot del zodiaco de las 12 casas. (2015, 21 de diciembre). Recuperado del sitio web Angelorum.com: https://angelorum.co/topics/divination/12-houses-zodiac-tarot-spread/

Learntarot. (2018, 27 de noviembre). Aprendiendo y usando la tirada de tarot del zodiaco. Extraído del sitio web Thesimpletarot.com: https://thesimpletarot.com/learning-using-zodiac-tarot-spread/

Waits, P. (2020, 23 de julio). Tiradas de tarot: Las 3 tiradas de cartas más efectivas. Extraído del sitio web themagichoroscope.com: https://themagichoroscope.com/zodiac/tarot-spreads

Wigington, P. (n.d.). Cómo utilizar la tirada de la cruz celta en el tarot. Extraído del sitio web Learnreligions.com: https://www.learnreligions.com/the-celtic-cross-spread-2562796

Regan, S. (2021, 21 de enero). La "tirada" de tarot más sencilla para obtener una visión rápida en cualquier momento que la necesites. Extraído del sitio web Mindbodygreen.com: https://www.mindbodygreen.com/articles/one-card-tarot

Crawford, C. (2019, 21 de diciembre). Cómo usar una tirada de tarot de 3 cartas para el autocuidado - el emporio del autocuidado. Extraído del sitio web

Theselfcareemporium.com: htttps://theselfcareemporium.com/blog/tarot-card-spread-self-care

Símbolos y glifos de la astrología. (2015, 16 de abril). Extraído del sitio web Cafeastrology.com: htttps://cafeastrology.com/astrology-symbols-glyphs.html